ENGLISCHER SPRACHGEBRAUCH VON A-Z

Dieter Götz

Max Hueber Verlag

This special edition of Collins COBUILD English Usage
prepared, and distributed with the authorization of the copyright
holder HarperCollins Publishers Ltd. Copyright of the German
text of this German bridge edition by Max Hueber Verlag.

| 3. 2. 1. | Die letzten Ziffern |
| 2000 99 98 97 96 | bezeichnen Zahl und Jahr des Druckes. |

Alle Drucke dieser Auflage können, da unverändert,
nebeneinander benutzt werden.
1. Auflage
© 1996 Max Hueber Verlag, D-85737 Ismaning
Verlagsredaktion: Rebecka Howe, München
Satz: Gabriele Stelbrink, Kinsau
Druck: Schoder, Gersthofen
Printed in Germany
ISBN 3-19-002441-3

Vorwort

Das vorliegende Buch ist eine Übersetzung und Bearbeitung von Teilen des *Collins COBUILD English Usage* von 1992.

Das englische Original ist ein Nachschlagewerk für den tatsächlichen Sprachgebrauch. Es enthält Informationen zu einzelnen Wörtern, zu den wichtigsten grammatischen Erscheinungen des Englischen und weiter Informationen darüber, wie man bestimmte Situationen in der Fremdsprache meistern kann: etwa, wie man telefoniert, wie man einen Vorschlag macht, um etwas bittet, Angaben zu Ort und Raum macht, Maße nennt, jemanden vor etwas warnt usw. Diese Informationen zu besonderen Situationen sind hier in einem eigenen Buch zusammengefaßt.

Bei der Planung zu diesem Buch sind Verlag und Bearbeiter davon ausgegangen, daß die „Informationen zu Situationen in der Fremdsprache" einer breiteren Leserschaft zugänglich sein sollten. Einsprachige Wörterbücher und Nachschlagewerke sind für viele Lernende mit mittleren Kenntnissen noch zu kompliziert, eben weil dort das Englische mit Hilfe des Englischen beschrieben wird. Die deutsche Übersetzung ist daher der Versuch, Wissen über die englische Sprache verfügbar zu machen. Gleichzeitig versteht sich dieses Buch als eine Art Brücke hin zu den einsprachigen Wörterbüchern.

Die Informationen zum englischen Sprachgebrauch sind in größeren Abschnitten von A - Z geordnet. Weitere Situationen sind diesen Großabschnitten nach Aussage und Bedeutung untergeordnet.

Inhaltsverzeichnis

Bemerkung zu den Beispielen und zu deren Übersetzung

Die Wörterbücher und Nachschlagewerke der Collins COBUILD-Reihe sind auf der Grundlage eines umfangreichen Textmaterials entstanden. Für das *Collins COBUILD English Usage* standen anfangs Texte im Umfang von 20 Millionen Wörtern, später 150 Millionen Wörtern, zur Verfügung. Dieses Material wurde elektronisch ausgewertet, es bildet die Grundlage für die Wörterbücher. Die Beispiele, die gegeben werden, sind in unveränderter, authentischer Form dem Material entnommen, und die britischen Verfasser legten größten Wert auf die sprachliche „Echtheit" der Beispiele. Daher mögen die Beispiele dem Leser anfangs recht speziell vorkommen, besonders dann, wenn Namen oder Details enthalten sind. Ferner haben manche der englischen Beispielsätze – ohne den größeren Zusammenhang – mehrere Bedeutungen. In der Übersetzung der Beispiele wurde jedoch immer nur diejenige Bedeutung ausgewählt, die der Satz im ursprünglichen Material hat.

Schließlich wurde versucht, die Übersetzungen in einem „natürlichen", situationsgerechten Deutsch zu halten. Manche der Übersetzungen könnten daher als frei oder sehr frei bezeichnet werden, sie entsprechen aber (gerade deswegen) dem Inhalt, der Absicht und der Verwendungssituation des jeweiligen englischen Originals.

In einigen Fällen sind die englischen Beispielsätze nicht übersetzt worden. Manchmal erschien eine Übersetzung nicht erforderlich, manchmal ist die Bedeutung des Beispielsatzes aus dem begleitenden Text ersichtlich.

ABKÜRZUNGEN: *abbreviations*

Eine Abkürzung ist eine gekürzte Form eines einzigen Wortes, aber auch eines zusammengesetzten Wortes, oder von mehreren Wörtern. Dabei werden einige Buchstaben ausgelassen, oder es werden nur die Anfangsbuchstaben der Wörter verwendet. So ist *BBC* die Abkürzung für *British Broadcasting Corporation*, und *g* ist die Abkürzung für *gram* ‚Gramm‘, wie in *25g*.

Eine Reihe von Abkürzungen werden häufig – häufiger als das im Deutschen der Fall ist – verwendet, man muß sie kennen und man muß sie auch in ihrer üblichen Form gebrauchen. Gelegentlich gibt es verschiedene Abkürzungen für ein und dasselbe Wort: *continued* kann als *cont.* oder als *contd.*‚wird fortgesetzt, Fortsetzung folgt‘ gekürzt werden.

Im allgemeinen behalten Wörter, die mit einem Großbuchstaben beginnen, diesen Großbuchstaben in der Abkürzung: *Capt* ist die Abkürzung für den Titel *Captain* ‚Hauptmann‘.

Man kann fünf verschiedene Abkürzungstypen unterscheiden.

Abkürzungen für Wörter, die nicht zusammengesetzt sind. Die ersten drei Typen betreffen Wörter, die nicht zusammengesetzt sind.

Beim ersten Typ wird nur der Anfangsbuchstabe gesetzt. Für das Aussprechen verwendet man aber die volle – und nicht die abgekürzte – Form.

m = metre	*F = Fahrenheit*
p = page Seite	*N = North*

Der zweite Typ verwendet die ersten Anfangsbuchstaben eines Wortes. Gesprochen wird auch hier wieder die volle Form.

cont. = continued Fortsetzung folgt, wird fortgesetzt
usu. = usually normalerweise
vol. = volume Band (*vol. 13* Bd. 13)
Brit. = British
Hon. = Honourable (als Titel für Parlamentsmitglieder)
Thurs. = Thursday

Beim dritten Typ folgen einige Buchstaben des Wortes auf den Anfangsbuchstaben, der Rest wird weggelassen. Gesprochen wird die volle Form.

asst. = assistant	*km = kilometre*

dept. = *department* Abteilung   *tbsp.* = *tablespoonful* (ein) Eßlöffel voll
jct = *junction* Straßenkreuzung   *Sgt.* = *sergeant*

Zu diesem Typ gehören auch die Abkürzungen *HQ* /eɪtʃkjuː/ für *headquarters* ‚Hauptquartier', *TV* /tiːviː/ für *television* ‚Fernsehen' und *TB* /tiːbiː/ für *tuberculosis* ‚Tuberkulose'.
Bei Maßeinheiten ist der zweite Buchstabe manchmal groß, etwa bei *kW* ‚Kilowatt'.

Abkürzung von zusammengesetzten Wörtern und von mehreren Wörtern.
Beim vierten Typ werden jeweils nur die Anfangsbuchstaben der beteiligten Wörter gesetzt. Meistens wird jeder Buchstabe einzeln (als Buchstabe) gesprochen, und die Betonung liegt auf dem letzten Buchstaben, z.B. *CD* /siː diː/.
MP = *Member of Parliament* Parlamentsmitglied
CD = *compact disc*
HRH = *His/Her Royal Highness* Seine/Ihre Königliche Hoheit (wird in der Aussprache nicht abgekürzt)
USA = *United States of America*
VIP = *very important person*
rpm = *revolutions per minute* Umdrehungen pro Minute
BSE = *bovine spongiform encephalopathy* Rinderwahnsinn

Man sagt *an MP*, weil die Aussprache des Buchstabens *m* /em/ mit einem Vokal beginnt, und *a CD*, weil das *c* /siː/ in der Aussprache mit einem Konsonanten beginnt.

Beim fünften Typ werden jeweils die Anfangsbuchstaben der beteiligten Wörter verwendet. Die Abkürzung wird dann aber wie ein normales Wort ausgesprochen. (Man nennt diese Wörter dann Initialwörter oder Akronyme.)
BASIC = *Beginner's All-purpose Symbolic Instruction Code* (die Programmiersprache)
OPEC /əʊpek/ = *Organization of Petroleum-Exporting Countries* (Organisation erdölexportierender Länder)
TEFL /tefl/ = *teaching English as a foreign language*
NATO /neɪtəʊ/ *North Atlantic Treaty Organisation*

Die meisten dieser Initialwörter werden mit Großbuchstaben geschrieben. Einige, wie *laser* ('*light amplification by stimulated emission of radiation*'), sind in der Zwischenzeit ganz normale Wörter geworden.

Punkt nach den Abkürzungen. Bei den ersten drei Typen (siehe oben) kann man einen Punkt nach den Abkürzungen setzen. Beim vierten Typ kann man einen Punkt nach jedem Buchstaben setzen.

b. = born　　　　　　　　　　*St. = Saint*
Apr. = April　　　　　　　　　*D.J. = disc jockey*

Für das moderne Englisch – besonders für das Englische in Großbritannien – gilt aber, daß diese Punkte meistens nicht gesetzt werden. Man schreibt also *BA = Bachelor of Arts* (der erste Hochschulabschluß nach einem Studium an einer Philosophischen Fakultät)
CBI = Confederation of British Industry
Mr = Mister

Bei Initialwörtern werden die Punkte üblicherweise nicht gesetzt.

Mehrzahlformen. Die Mehrzahlformen werden durch Anhängen von *s* an die Abkürzung gebildet.
hr, hrs Stunde(n)
MP, MPs /empi:z/
UFO, UFOs

Maßeinheiten haben dieses *s* jedoch nicht. So ist *ml* die Abkürzung sowohl von *millilitre* als auch von *millilitres*.

Die Mehrzahlform von *p 'page'* ist *pp*, die von *St 'Saint'* ist *SS*.

Einige weitere Abkürzungen seien hier genannt.

AA Automobile Association (ein Automobilclub)
amp Ampère
approx approximate(ly) annähernd
Ave Avenue
bldg. building Gebäude
BST British Summer Time
ch. chapter Kapitel
Dept department Abteilung
dep. departure Abfahrt, Abflug
EU European Union Europäische Union
ed. edition Auflage
enc. enclosure Anlage
est. established gegründet

incl including/inclusive einschließlich
IQ Intelligence Quotient Intelligenzquotient
Ltd Limited mit beschränkter Haftung
mph miles per hour
No. number Nummer
pto please turn over bitte wenden
RC Red Cross das Rote Kreuz
Rd road Straße
RSPCA Royal Society for the Protection of Animals (Tierschutzverein)
SS steamship Dampfer
TU trade union Gewerkschaft
UHF ultrahigh frequency UKW
VAT value added tax Mehrwertsteuer

GB Great Britain
GMT Greenwich Mean Time westeuro-
 päische Zeit
GP General Practitioner Praktischer Arzt
HM His/Her Majesty
HO British Home Office (Innen-
 ministerium)

WHO World Health Organisation Welt-
 gesundheitsorganisation
yd yard
YH Youth Hostel Jugendherberge

Eine ABSICHT ausdrücken: *intentions*

Will man eine Absicht ausdrücken, dann kann man dies mit *I'm going to* formulieren –
besonders dann, wenn man etwas gleich oder sofort tun will.
I'm going to call my father. Ich rufe (jetzt) meinen Vater.
I'm going to have a bath. Ich gehe (jetzt) in die Badewanne.
I'm going to explore the neighbourhood. Ich werde die Umgebung erkunden.

Eine andere Möglichkeit ist, mit *I think I'll* anzufangen.
I think I'll do some more typing. Ich glaube, ich tippe noch etwas.
I think I'll go to sleep now. Ich glaube, ich gehe jetzt schlafen.

Die Verlaufsform im Präsens drückt eine Absicht aus, bei der man einen festen Plan hat
oder für die man schon Vorbereitungen getroffen hat.
I'm taking it back to the library soon. Ich bringe es bald in die Bibliothek zurück.
I'm going away. Ich verreise.

Auch die Verlaufsform zusammen mit *will* oder *'ll* wird gebraucht. Angenommen, man
verabredet sich mit jemandem für fünf Uhr, und der andere meint, es könne ein wenig
später werden:
I'll be waiting. Ich warte dann/Ich werde warten.

Mit anderen Worten: ‚Nach fünf Uhr werde ich eine Zeitlang warten‘.

Absichten kann man einleiten mit *I've decided to.* Damit drückt man einen Entschluß
aus.
I've decided to clear this place out. Ich werde hier alles rauswerfen.
I've decided to go there.

9

Wenn man einen negativen Entschluß ankündigt, sagt man *I'm not going to* oder *I've decided not to.*
I'm not going to make it easy for them. Ich werde es ihnen nicht leicht machen.
I've decided not to take it. Ich habe mich entschlossen, es nicht zu nehmen.

Vage Absicht. Wenn man sich der eigenen Absicht nicht so sicher ist, kann man das mit *I'm thinking of* (und einer *-ing*-Form) formulieren.
I'm thinking of going to the theatre next week. Ich überlege, ob ich nächste Woche ins Theater gehen soll.
I'm thinking of giving it up altogether.
I'm thinking of writing a play.

Man kann auch mit *I might* oder *I may* einleiten.
I might do that or I might go to Ireland. Vielleicht tue ich das oder vielleicht gehe ich nach Irland.
I might stay a day or two. Ich könnte ein oder zwei Tage bleiben.
I may come back to Britain, I'm not sure. Vielleicht komme ich wieder nach Großbritannien zurück, ich weiß nicht.

Absichten, die den anderen überraschen könnten oder bei denen man sich der Reaktion des anderen nicht sicher ist, kündigt man mit *I thought I might* an.
I thought I might buy a house next year. Ich dachte, ich könnte nächstes Jahr (vielleicht) ein Haus kaufen.
I thought I might get him over to dinner one evening. Ich dachte, ich könnte ihn mal abends zum Essen rüberholen.

Mit *I might not* drückt man eine vage Absicht aus, etwas nicht zu tun.
I might not go. Vielleicht gehe ich auch nicht.

Feste Absicht. Eine feste Absicht beginnt man mit *I'll*, besonders, wenn man irgendwelche Vorbereitungen dafür macht, jemandem etwas versichern will, jemanden beruhigen will. Es ist zu beachten, daß das *'ll* zusammen mit *I* also nicht nur ‚Zukunft' bedeutet, sondern ‚feste Absicht für die Zukunft'.
I'll buy one as soon as I can. Ich kaufe einen, sobald ich kann.
I'll do it this afternoon and ring you back. Ich werde es am Nachmittag erledigen und dich zurückrufen.
I'll ring you tomorrow morning. Ich rufe dich morgen vormittag an.

10

Entsprechend *I won't*:

I won't go. Ich werde NICHT gehen/Ich gehe NICHT.

I won't give you any trouble. Ich werde euch schon keine Probleme machen/Ich MA-CHE ....

I won't let my family suffer. Ich werde nicht zulassen, daß meine Familie darunter leidet.

Formelle Ankündigungen. Das formelle Ankündigen einer Absicht geschieht mit *I intend to.*

I intend to carry on with it. Ich beabsichtige, dies weiterhin zu tun.

I intend to go into this in rather more detail this term. Ich beabsichtige, dies in diesem Semester detaillierter zu behandeln.

I intend to be conciliatory. Ich beabsichtige, nachgiebig zu sein.

I intend wird manchmal auch mit der *-ing*-Form gebraucht.

I intend retiring to Florence. Ich habe die Absicht, im Alter nach Florenz zu ziehen.

Für formelle und feste Absichten gibt es unter anderem folgende Konstruktionen.

I have every intention of buying it.

It is still my intention to resign. Ich habe immer noch die Absicht zurückzutreten.

'My intention is to tell the truth,' he said.

Wenn man fest und förmlich ausdrücken will, daß man etwas nicht tun will, leitet man mit *I don't intend to* ein.

I don't intend to investigate that at this time. Ich gedenke nicht, dies derzeit zu untersuchen.

Noch betonter ist *I have no intention of* (mit der *-ing*-Form).

I've no intention of marrying again. Ich gedenke keinesfalls wieder zu heiraten.

Unbeabsichtigte Handlungen. Die oben genannten Konstruktionen mit *going to*, mit *may* oder *might* oder *will* können auch Handlungen bezeichnen, die man nicht selbst beabsichtigt, die sich aber sozusagen aus der Situation ergeben.

If you keep chattering I'm going to make a mistake. Wenn du weiter so plapperst, mache ich einen Fehler.

I might not be able to find it. Es könnte sein, daß ich es nicht finden kann.

I may have to stay there a while. Vielleicht muß ich eine Zeitlang dort bleiben.

If I don't have lunch, I'll faint. Wenn ich nichts zu essen bekomme, falle ich um.

Das ALTER von Personen, Gegenständen: *age*

Nach dem Alter fragen. Wenn man das Alter eines Menschen oder einer Sache wissen will, fragt man mit *How old* und der entsprechenden Form von *be*.
'How old are you?' – 'Thirteen.'
'How old is he?' – 'About sixty-five.'
'How old's your house?' – 'I think it was built about 1950.'

Das Alter angeben. Um das Alter von jemandem oder von etwas anzugeben, gibt es mehrere Möglichkeiten. Man kann mit der Auskunft genau sein oder weniger genau sein.

Genaue Angaben. Das Alter eines Menschen gibt man mit der jeweiligen Form von *be* und der entsprechenden Zahl an.
I was nineteen, and he was twenty-one.
I'm only 63.

Zur stärkeren Betonung kann man *years old* anfügen.
She is twenty-five years old.
I am forty years old.

Nach der Zahl kann auch *years of age* gesetzt werden; dies klingt etwas formeller und wird vor allem in der geschriebenen Sprache verwendet.
He is 28 years of age.

Wenn man jemanden allgemein erwähnt und dabei das Alter nennen will, setzt man *of* oder *aged* /eɪdʒd/ und dann die Zahl.
... a man of thirty.
... two little boys aged nine and eleven.

Dasselbe kann man auch mit einem zusammengesetzten Eigenschaftswort ausdrücken: Zahl-*year-old*, also etwa
... a twenty-two-year-old student.

Für Monate geht das auch:
... a five-month-old baby.

Die Bindestriche müssen gesetzt werden, und es heißt, trotz des Zahlworts, *year, month* (und nicht *years, months*).

Ein Wort wie *ten-year-old* kann auch als Hauptwort, und dann gegebenenfalls mit der Mehrzahl, verwendet werden.
All the six-year-olds are taught by one teacher. Alle Sechsjährigen werden von einem einzigen Lehrer unterrichtet.
... Melvin Kalkhoven, a tall, thin thirty-five-year-old. ... ein großer, magerer Mann von 35.

Das ungefähre Alter. Wenn man aus irgendwelchen Gründen das genaue Alter nicht angeben kann oder will, drückt man das mit der entsprechenden Form von *be*, einem der Wörter *about* (‚ungefähr‘), *almost, nearly* (‚fast‘), *over* (‚über‘), *under* (‚unter‘) und der Zahl aus.
I think he's about 60. ... ungefähr 60, um die 60.
He must be nearly thirty.
She was only a little over forty years old. ... nur ein wenig über 40.
There weren't enough people who were under 25.

above the age of für ‚über‘ und *below the age of* für ‚unter‘ klingt formeller.
55 percent of them were below the age of twenty-one.

Wenn man das Alter ganz allgemein nach dem Jahrzehnt angibt, also sagt, daß jemand in den Zwanzigern usw. ist, formuliert man *He's in his twenties* oder *She's in her twenties.* Oder *thirties, forties* usw. Von jungen Leuten zwischen 13 und 19 sagt man, sie seien *in their teens.* Diese Konstruktion verlangt immer *in* und das entsprechende Fürwort wie *his, her, their.*
He was in his sixties.
I didn't mature till I was in my forties. Ich habe mich erst in den Vierzigern richtig entwickelt.
... when I was in my teens.

In den frühen Zwanzigern (usw.) ist *early*, in der Mitte ist entweder *mid-* oder *middle* und später im Jahrzehnt ist *late.*
Jane is only in her early forties.
She was in her mid-twenties.
He was then in his late seventies.

Für die meisten der Konstruktionen oben kann man auch allgemeine Wörter wie *woman, lady, man* verwenden.

13

... help for <u>ladies over 65.</u>
She had four <u>children under the age of five.</u> ... vier Kinder unter fünf.
... <u>a woman in her early thirties.</u>

Wenn nach einem solchen Wort Zahlenangaben mit *about, nearly, almost* kommen, müssen sie mit *of* eingeleitet werden, also *a man of about 60* (und nicht *a man about 60*).

Eine Gruppe von Personen gleichen Alters kann man so beschreiben:
The <u>over-sixties</u> do not want to be turned out of their homes. Leute über 60 wollen ihre Wohnungen nicht verlassen müssen.
Schooling for the <u>under-fives</u> should be expanded. Unterricht für Kinder unter fünf Jahren ...

Ähnliches Alter. Altersähnlichkeit wird mit der entsprechenden Form von *be* und z.B. *my age, his own age, her parents' age* (‚in meinem Alter, im gleichen Alter wie er, im Alter ihrer Eltern') formuliert.
I wasn't allowed to do that when I <u>was her age.</u> ... als ich so alt war wie sie, als ich in ihrem Alter war.
He guessed the policeman <u>was about his own age.</u> Er schätzte, daß der Polizist ungefähr so alt war wie er.

my age usw. kann auch so konstruiert werden:
I just happen to know a bit more literature than <u>most girls my age.</u> Zufällig habe ich eben mehr gelesen als die meisten Mädchen meines Alters.
It's easy to make friends because you're with people of your own age. Du findest leicht Freunde, weil du mit Gleichaltrigen zusammen bist.

Altersangaben zusammen mit anderen Ereignissen. Auch da gibt es mehrere Möglichkeiten.
Zunächst einen Nebensatz, der mit *when* beginnt:
I left school <u>when I was thirteen.</u> Ich ging von der Schule, als ich dreizehn war.
Even <u>when I was a child</u> I was frightened of her. Schon als Kind hatte ich Angst vor ihr.

Man kann auch *at the age of* oder *at*, jeweils mit Zahl, verwenden.
She had finished college <u>at the age of 20.</u>
All they want to do is leave school <u>at sixteen</u> and get a job. Sie wollen nichts anderes als weg von der Schule mit 16 und einen Job kriegen.

14

aged mit Zahl findet sich in der geschriebenen Sprache, vor allem, wenn jemand gestorben ist.
Her husband died three days ago, aged only forty-five.

Um das hohe Lebensjahr zu betonen, kann man schreiben
He died in 1951, in his eighty-ninth year.
Die Konstruktion ist *in her, his, their*, dann die Ordinalzahl und dann *year*.

as steht vor Wortgruppen wie *a girl* oder *a young man*, um den entsprechenden Lebensabschnitt anzugeben.
She suffered from bronchitis as a child. Sie hat als Kind unter Bronchitis gelitten.
As teenagers we used to stroll round London during lunchtime. Als Teenager sind wir immer in der Mittagspause durch London gebummelt.

Wenn jemand etwas tut, bevor er ein bestimmtes Alter erreicht hat, verwendet man *before the age of* oder *by the age of*.
He maintained that children are not ready to read before the age of six. Er behauptete, daß Kinder erst mit sechs Jahren fähig und bereit seien zu lesen.
She had learned to read by the age of 3. Sie konnte schon mit drei Jahren lesen.

Und nach einem bestimmten Alter *after the age of*:
One trouble is that the first baby in some families gets more fussing over than is good for him, especially after the age of 6 months. Eines der Probleme ist, daß in manchen Familien zuviel Aufhebens um das erste Kind gemacht wird, besonders wenn es das Lebensalter von 6 Monaten überschritten hat.

Das Alter von Gegenständen. Hier verwendet man die entsprechende Form von *be*, dann die Zahl, dann *years old*.
It's at least a thousand million years old.
The house was about thirty years old.

Anders als bei Menschen verwendet man also nicht die Zahl alleine nach *be*, sondern die Zahl und *years old*.
Meistens gibt man das Alter von Gegenständen mit einem zusammengesetzten Eigenschaftswort an, zum Beispiel *a thirty-year-old house* (also wie oben auch das *year* in der Einzahl und das Ganze mit Bindestrichen.)
... Mr Watt's rattling, ten-year-old car. ... Mr. Watts klappriges, zehn Jahre altes Auto.
... a violation of a six-year-old agreement. ... eine Verletzung eines sechs Jahre alten Abkommens.

Vor allem bei hohen Zahlen kann die Zahl nach dem Hauptwort stehen, gefolgt von *years old*.
... *rocks 200 million years old*. ... 200 Millionen Jahre alte Felsen.

Das ungefähre Alter eines Gegenstands kann man auch mit einem Wort für die entsprechende geschichtliche Periode bezeichnen.
... *a splendid Victorian building*. ... ein herrliches viktorianisches Gebäude.
... *a medieval castle*. ... eine mittelalterliche Burg.

Das Jahrhundert wird so angegeben:
... *a sixth-century church*. ... eine Kirche aus dem sechsten Jahrhundert.
... *life in fifth-century Athens*. ... das Leben im Athen des fünften Jahrhunderts.

Jemandem etwas ANBIETEN: *offers*

Wenn man jemandem etwas anbieten will, gibt es mehrere Möglichkeiten, dies auszudrücken.
Mit *Would you like ...?* bietet man etwas in höflicher Form an.
Would you like another biscuit or something? Möchten Sie ...?
I was just making myself some tea. Would you like some? Ich habe mir gerade einen Tee gemacht. Möchten Sie auch einen?

Wenn man den anderen besser kennt, kann man auch mit *Do you want ...?* ‚Willst du ...?‘ fragen.
Do you want a biscuit?
Do you want a coffee?

Unter Leuten, die miteinander gut bekannt sind, kann man auch die Befehlsform von *have* nehmen. Das Angebot klingt dann etwas dringender.
Have some more tea. Noch einen Tee, ja?
Have a chocolate biscuit. Nimm dir doch ....

Oder man nennt einfach die Sache und läßt es wie eine Frage klingen.
'Tea?' – *'Yes, thanks.'*
Ginger biscuit?

Wenn man etwas anbietet, dies aber erst holen oder vorbereiten muß, gebraucht man Wendungen wie *Can I get you something?* ‚Kann ich dir etwas anbieten?' oder *Let me get you something to eat* ‚Ich bringe/mache dir etwas zu essen, ja?'
Can I get you anything? Kann ich dir irgendwas anbieten?
Sit down and let me get you a cup of tea or a drink or something. Setz dich und ich mache dir einen Tee oder ich bringe dir sonst etwas zu trinken.

Mit *Help yourself (to)* fordert man den anderen auf, sich etwas zu nehmen.
Help yourself to sugar. Nimm dir Zucker.
'Do you suppose I could have a drink?' – 'Of course. You know where everything is. Help yourself'. „Könnte ich vielleicht etwas zu trinken haben?" – „Ja, sicher. Du weißt ja, wo die Sachen sind. Bedien dich."

Freundlich und zwanglos kann man etwas auch anbieten mit *You can have ...* , gegebenenfalls auch mit *You can borrow ...* ‚Du kannst dir ... leihen'.
You can borrow my pen if you like. Du kannst meinen Füller haben (dir meinen Füller leihen), wenn du willst.

Unter Bekannten hört man in Großbritannien auch *Fancy some coffee?* oder *Fancy a biscuit?* (‚Kaffee?', ‚Kaffee, ja?', ‚Wie wär's mit ...?').

Hilfe anbieten; anbieten, etwas zu tun. Hilfe oder irgendeine andere Tätigkeit (jetzt gleich oder später) bietet man mit *Shall I ...?* an.
Shall I fetch another doctor?
'What's the name?' – 'Khulaifi. Shall I spell that for you?' „Ihr Name?" – „Khulaifi. Soll ich es buchstabieren?"
Shall I come tomorrow night?

Je nach den Umständen etwas anbieten. Wenn man sich ziemlich sicher ist, daß der andere das Angebot annimmt, kann man mit *Let me* beginnen.
Let me buy you a drink. Komm, ich geb' einen aus.
Let me help. Laß mich helfen.
Let me show you the rest of the house. Ich zeige dir das übrige Haus.

Freundlich, aber bestimmt ist ein Angebot mit *I'll.*
Leave everything. I'll clean up. Laß alles liegen, ich räume (schon) auf.
Come on out with me. I'll buy you a beer.
I'll give you a lift back. Ich nehme dich mit zurück.

17

Wenn man sich seiner nicht so sicher ist, ob der andere das Angebot überhaupt haben will, formuliert man mit *Do you want me to …?* Höflicher noch ist *Would you like me to …?* – das kann aber so klingen, als ob man das Angebot nur zögernd macht.

Do you want me to check his records? Soll ich seine Unterlagen überprüfen?
Do you want me to go with you? Möchtest du, daß ich dich begleite?
Would you like me to read to you tonight? Soll ich dir heute abend etwas vorlesen?

Man kann auch sagen *Do you want …?* oder *Do you need …?* oder, höflicher, *Would you like …?*, gefolgt von einem Wort, das eine Handlung bezeichnet.

Do you want a lift? Soll ich dich im Auto mitnehmen?
Are you all right, Alan? Need any help?

Bei Leuten, die man nur flüchtig kennt oder gerade erst kennengelernt hat, kann man *Can I …?* sagen.

Can I give you a lift anywhere? Kann ich Sie irgendwohin (im Auto) mitnehmen?

Wenn man nicht genau weiß, ob das Angebot benötigt wird, kann man nach *I can …* oder *I'll …* anfügen *if you like* oder *if you want,* also ‚wenn Sie möchten‘, ‚wenn du willst‘, ‚wenn es recht ist‘.

I'll drive it back if you want.
I can show it to you now if you like.

Einem Kunden – in einem Geschäft, einer Firma, einem Unternehmen – wird Hilfe mit *Can I …?* oder *May I …?* angeboten.

Flight information, can I help you? Flugauskunft, kann ich Ihnen helfen?
What can I do for you? Was kann ich für Sie tun?

Natürlich gibt es auch für förmliche Situationen sehr lange und umständliche Arten, ein Angebot einzuleiten, wie z.B. *I should very much appreciate if you'd allow me …* ‚Ich würde es sehr zu schätzen wissen, wenn man mir gestatten würde‘, aber so kann man für den Alltag nicht formulieren.

Auf ein Angebot reagieren. Ein Angebot nimmt man mit *Yes, please* oder *Thank you* (oder, zwanglos, mit *Thanks*) an.

'Shall I read to you?' – *'Yes, please.'*
'Have another whiskey.' – *'Thank you, I will.'*
'Have a cup of coffee.' – *'Thank you very much.'*
'You can take the jeep.' – *'Thanks.'*

Wenn man zeigen will, daß man sehr dankbar ist (besonders, wenn man mit dem Angebot nicht gerechnet hat), kann man z.B. sagen *Oh, thank you, that would be great* oder *That would be lovely.* Etwas förmlicher ist *That's very kind of you.*
'Shall I run you a bath?' – *'Oh, yes, please!* <u>*That would be lovely.*</u>' „Soll ich dir die Badewanne einlaufen lassen?" – „Oh, ja bitte, das wäre schön."
'I'll have a word with him and see if he can help.' – <u>*'That's very kind of you.'*</u> „Ich werde mit ihm sprechen und herausfinden, ob er helfen kann." – „Das ist sehr freundlich von Ihnen."

Ein Angebot lehnt man ab mit *No, thank you* oder, zwangloser, mit *No, thanks.*
'Would you like some coffee?' – <u>*'No, thank you.'*</u>
'Do you want a biscuit?' – <u>*'No, thanks.'*</u>

Man kann auch sagen *No, I'm fine, thank you* oder *I'm alright, thanks* oder *No, it's alright.* Damit drückt man aus, daß man das Angebot im Augenblick nicht braucht.
'Is the sun bothering you? Shall I pull the curtain?' – <u>*'No, no, I'm fine, thank you.'*</u> „Stört dich die Sonne? Soll ich den Vorhang zuziehen?" – „Nein danke, es geht schon/Nein danke, nicht nötig."
'Do you want a lift?' – <u>*'No, it's all right, thanks,*</u> *I don't mind walking.'* „Soll ich Sie im Auto mitnehmen?" – „Nein danke, nicht nötig. Ich gehe gern zu Fuß."

Hinweis. *Thank you* alleine ist keine geeignete Formulierung, ein Angebot abzulehnen.

Will man sagen „Bitte, machen Sie sich keine Umstände", verwendet man *Please don't bother* /bɒðə/.
'I'll get you some sheets.' – <u>*'Please – don't bother.'*</u> „Ich bringe dir Bettzeug." – „Mach dir keine Umstände."

Jemanden ANREDEN: *addressing someone*

Wenn man mit anderen spricht, gebraucht man manchmal ihren Namen, auch Bezeichnungen wie *Mr, Mrs*, auch Titel, und schließlich Wörter wie *darling* oder *fool*. Solche Wörter werden im folgenden „Anredewörter" genannt.
Für das Englische gilt: Anredewörter werden dort nicht so häufig verwendet, wobei das britische Englisch noch sparsamer damit umgeht als das amerikanische Englisch.

Stellung der Anredewörter. Die Anredewörter stehen gewöhnlich am Schluß des Satzes.

I told you he was okay, Phil.

Where are you staying, Mr Swallow?

Yes, George.

Man setzt sie aber an den Anfang, um die Aufmerksamkeit des anderen zu erhalten.

John, how long have you been at the university?

Dad, why have you got that suit on?

Zwischen Sätzen oder Nebensätzen oder nach einem Satzteil setzt man die Anredewörter dann, wenn man die Wichtigkeit dessen, was man sagt, betonen will.

I must remind you, Mrs Babcock, that I did warn you of possible repercussions from failure to take your medication. Ich muß Sie daran erinnern, Mrs. Babcock, daß ich sie sehr wohl vor den möglichen Folgen gewarnt habe, wenn Sie die Medikamente nicht einnehmen.

Don't you think, John, it would be wiser to wait? Glaubst du nicht auch, John, daß es klüger wäre zu warten?

Anredewörter werden in der geschriebenen Sprache von vorausgehenden oder folgenden Wörtern durch ein Komma getrennt.

Don't leave me, Jenny.

John, do you think that there are dangers associated with this policy? John, glaubst du, daß mit dieser Taktik Gefahren verbunden sind?

Jemanden anreden, den man nicht kennt. Wenn man jemanden anspricht, den man nicht kennt – z.B. auf der Straße oder in einem Geschäft – , verwendet man meist überhaupt kein Anredewort. *Excuse me* genügt, um die Aufmerksamkeit des anderen zu erbitten.

Hinweis. Im heutigen Englisch werden die Anredeformen *Mr* bzw. *Mrs* oder *Miss* oder *Ms* /mɪz, məz/ nur zusammen mit dem jeweiligen Namen der Person gebraucht, und nicht alleine für sich als Anredewort. Auch *gentleman* oder *lady* sind keine Anredewörter. Gleichfalls nicht *sir* oder *madam*: sie werden fast nur gebraucht, um Kunden, Gäste (in einem Geschäft, Hotel usw.) anzusprechen. (Näheres siehe im Abschnitt „NAMEN und TITEL".)

Eine Anrede mit der Berufsbezeichnung – z.B. *officer* zu einem Polizisten – gilt als altmodisch. Jedoch kann man einen Arzt als *doctor* und eine Krankenschwester als *nurse* ansprechen.

20

Is he all right, <u>doctor</u>?

Jemanden einfach mit *you* anzureden, gilt als ausgesprochen unhöflich – wie ja auch im Deutschen: „Sie, wo geht es hier zum Bahnhof?"

Jemanden anreden, den man kennt. Wenn man jemandes Familiennamen kennt, kann man ihn mit *Mr* oder sie mit *Mrs* (bzw. *Miss*) usw. und dem Familiennamen anreden – allerdings ist das ziemlich formell.
Thank you, <u>Mr Jones.</u>
Goodbye, <u>Dr Kirk.</u> Auf Wiedersehen, Herr Dr. Kirk.

Titel können ohne den Familiennamen gebraucht werden.
I'm sure you have nothing to worry about, <u>Professor.</u>
Good evening, <u>Captain.</u>
Is that clear, <u>Sergeant</u>?

Mr und *Madam* stehen vor den Bezeichnungen *President; Chairman; Chairwoman; Chairperson.* (*A chairman* ist ein Vorsitzender, *a chairwoman* eine Vorsitzende, und *chairperson* ist das geschlechtsneutrale Wort.)
No, <u>Mr President.</u>

Weitere Einzelheiten siehe im Abschnitt „NAMEN und TITEL".

Hinweis. Man spricht andere im allgemeinen nicht mit Vornamen und Familiennamen an. Die einzigen, die das tun, sind Moderatoren im Radio oder Fernsehen, wenn sie mit ihren Gästen sprechen.

Wenn man die anderen besser kennt, kann man sie mit ihrem Vornamen ansprechen. Man macht das aber nur, wenn es dafür einen besonderen Grund gibt, also z.B. wenn mehrere Personen anwesend sind und deutlich werden soll, an wen man sich wendet.
What do you think, <u>John</u>?
Shut up, <u>Simon</u>!
It's not a joke, <u>Angela.</u>

Gekürzte Vornamen, wie *Jenny* (für *Jennifer*) oder *Mike* (für *Michael*) verwendet man nur, wenn man weiß, daß die entsprechenden Personen nichts dagegen haben.

Verwandte anreden. Die Liste zeigt die üblichen Anreden für die Eltern bzw. Großeltern.

mother: Mum, Mummy, Mother
father: Dad, Daddy
grandmother: Gran, Grannie, Grandma, Nan, Nanna
grandfather: Grandad, Grandpa

Aunt und *Uncle* (für „Tante" bzw. „Onkel") werden auch als Anredewörter gebraucht, üblicherweise zusammen mit dem Vornamen. Die zwanglosere Anrede *Auntie* oder *Aunty* kann alleine stehen.
This is Ginny, <u>Aunt Bernice.</u>
Goodbye, <u>Uncle Harry.</u>
I'm sorry, <u>Auntie Jane.</u>
Hello, <u>auntie.</u>

Hinweis. Andere Verwandtschaftsbezeichnungen wie *brother, daughter, cousin* werden nicht als Anredewörter verwendet.

Eine Gruppe von Personen ansprechen. Die förmliche Anrede für eine Gruppe von Personen ist *ladies and gentlemen*, oder nur *ladies* bzw. *gentlemen*, je nachdem.
Good evening, <u>ladies and gentlemen.</u>

Zwanglos und informell kann man eine Gruppe mit *everyone* oder *everybody* anreden (wenn man überhaupt ein Anredewort gebraucht).
I'm so terribly sorry, <u>everybody.</u>

Mit *kids* redet man Kinder oder Jugendliche an. Ist die Gruppe nicht gemischt, kann man *boys* oder *girls* sagen (je nachdem).
Come and say 'How do you do?' to our guest, <u>kids.</u>
Give Mr Hooper a chance, <u>boys.</u>
<u>Girls,</u> a really bad thing has come up.

Die Anrede *children* ist gespreizt oder formell.

Schimpfnamen. Schimpfnamen als Anredewörter haben in der Regel ein *you* davor.
No, <u>you fool,</u> the other way.
Shut your big mouth, <u>you stupid idiot.</u>
Give it to me, <u>you silly girl.</u>

22

Koseformen. Koseformen als Anredewörter stehen aber in der Regel allein.

Goodbye, darling.
Come on, love.

Hinweis. Anreden wie in den beiden folgenden Beispielen (mit *my* bzw. dem Namen) klingen altmodisch oder spaßhaft.

We've got to go, my dear.
Oh Harold darling, why did he die?

Andere Anredewörter. In Geschäften oder Dienstleistungsbetrieben ist *madam* eine höfliche Anrede für eine Kundin, *sir* eine höfliche Anrede für einen männlichen Kunden.

A liqueur of any kind, sir? Irgendeinen Likör, der Herr?
'Thank you very much.' – 'You're welcome, madam.' „Vielen Dank." – „Nichts zu danken"/„Bitte sehr".

Eine Reihe von Wörtern wie *love; dear; mate* werden in zwanglosen Situationen auch dann als Anrede verwendet, wenn die Leute einander nicht (!) bekannt sind. Diese Wörter sind meist typisch für einen bestimmten Dialekt oder für den Sprachgebrauch einer bestimmten sozialen Schicht.

She'll be all right, mate.
Trust me, kid.

Hinweis. Auf diese Anredewörter sollte man besser verzichten: sie sind den Muttersprachlern der jeweiligen Region vorbehalten.

ANSICHTEN, Meinungen äußern: *opinions*

Für die Haltung oder Einstellung, die man zu dem hat, was man sagt, gibt es eine Reihe von Ausdrücken. Die meisten dieser Ausdrücke stehen am Satzanfang. Wenn man sie spricht, geht man mit der Stimme etwas hoch und macht danach eine kleine Pause. Man kann diese Wörter auch mitten im Satz oder nach einer kleinen Pause am Ende des Satzes verwenden. (In der englischen Grammatik nennt man sie *sentence adverbials*.) Diesen Wörtern entsprechen im Deutschen oft Wörter auf „-weise" oder eine Konstruktion wie „Es ist ..., daß". Zum Beispiel: *absurdly* ‚absurderweise', *interestingly* ‚interessanterweise', *coincidentally* ‚zufälligerweise' oder *sadly* ‚Es ist traurig/schade, daß', *remarkably* ‚es ist bemerkenswert, daß'. Hier eine Liste mit anschließenden Beispielen.

absurdly absurderweise
astonishingly erstaunlicherweise
characteristically typischerweise
coincidentally zufälligerweise
conveniently so, daß es sich gut fügt, praktisch ist
curiously merkwürdigerweise
fortunately glücklicherweise
incredibly kaum/nicht zu glauben
interestingly interessanterweise
ironically ironischerweise
luckily zum Glück
mercifully zum guten Glück, glücklicherweise, gnädigerweise
miraculously wunderbarerweise
mysteriously rätselhaft

naturally natürlich, freilich
oddly seltsam (-erweise)
of course natürlich, freilich
paradoxically paradoxerweise
predictably wie vorherzusehen
remarkably bemerkenswert(-erweise)
sadly traurigerweise, leider
significantly bezeichnenderweise
strangely seltsam(-erweise)
surprisingly zur Überraschung
typically typisch(-erweise)
unbelievably nicht zu glauben
understandably verständlicherweise
unexpectedly wie nicht zu erwarten war
unfortunately leider

Interestingly, the solution adopted in these two countries was the same. Interessanterweise haben diese beiden Länder dieselbe Lösung angewandt.

Luckily, I had seen the play before so I knew what it was about. Zum Glück hatte ich das Stück vorher gesehen und wußte deshalb, worum es ging.

Surprisingly, this tendency has declined in recent years. Überraschenderweise geht diese Tendenz in den letzten Jahren zurück.

Fortunately, such occurrences are fairly rare. Zum Glück sind solche Vorfälle ziemlich selten.

Einige solcher Wörter stehen vor *enough*. Dieses *enough* hat dann die Bedeutung ‚ziemlich' oder ‚recht'.

Funnily enough, old people seem to love bingo. Es ist schon merkwürdig, aber alte Leute scheinen gern Bingo zu spielen.

Interestingly enough, this proportion has not increased. Es ist (schon) sehr interessant, daß sich dieser Anteil nicht erhöht hat.

Was man von anderer Leute Handlungen hält, kann man so kommentieren (Beispiele unten):
bravely tapfer
carelessly unvorsichtig, unbedacht
cleverly intelligent

generously freundlich
kindly freundlich
rightly richtig, zu Recht

correctly richtig, genau   *wisely* klug
foolishly dumm, unüberlegt   *wrongly* falsch

Mrs Hutchins has generously agreed to be with us today. Mrs Hutchins hat sich freundlicherweise bereiterklärt, heute bei uns hier zu sein.
Paul Gayner is rightly famed for his menu for vegetarians. ... ist zu Recht berühmt ....
Foolishly, we had said we would do the decorating. Es war dumm von uns zu sagen, wir würden die Malerarbeiten machen.

Hinweis. Diese Wörter stehen in der Regel gleich nach dem Subjekt (dem Satzgegenstand) bzw. nach der Form von *be* oder dem ersten Hilfsverb. Wenn sie betont sind, können sie (wie oben *foolishly*) auch am Anfang stehen.

Vorsichtige Meinungsäußerung. Die folgenden Wörter und Ausdrücke zeigen an, daß man etwas „ganz allgemein" sagt, daß es „meistens" oder „annähernd" gilt.

all in all alles in allem
all things considered wenn man alles überlegt
altogether im ganzen genommen
as a rule in der Regel
at a rough estimate grob geschätzt
basically im Prinzip
broadly allgemein gesagt
by and large im großen und ganzen
essentially im Prinzip

for the most part zum größten Teil
fundamentally grundsätzlich
generally im allgemeinen
in essence im wesentlichen
in general im allgemeinen
on average im Durchschnitt
on balance alles wohl bedacht
on the whole im ganzen
overall /əʊvərɔːl/ im ganzen
ultimately letztlich

Basically, the more craters a surface has, the older it is. Im Prinzip ist die Oberfläche um so älter, je mehr Krater sie aufweist.
By and large we were free to treat this material very much as we wished. Im großen und ganzen konnten wir mit dem Material machen, was wir wollten.
I think on the whole we don't do too badly. Ich glaube, daß wir im allgemeinen nicht zu schlecht dran sind.

Man kann auch Ausdrücke gebrauchen wie *broadly speaking; generally speaking; roughly speaking* ‚allgemein gesagt'.
Roughly speaking, the problem appears to be confined to the tropics. Das Problem scheint sich, grob gesagt, auf die Tropen zu beschränken.

Wenn etwas nicht generell wahr ist, sondern nur teilweise oder unter gewissen Umständen, kann man verwenden:

almost fast
in a manner of speaking sozusagen
in a way in gewisser Weise
in effect im Prinzip
more or less mehr oder weniger

practically praktisch
so to speak sozusagen
to some extent in gewisser Hinsicht
up to a point zum Teil, teilweise
virtually so gut wie, de facto

It was almost a relief when the race was over. Es war fast eine Erleichterung, als das Rennen vorüber war.
In a way I liked her better than Mark. In gewisser Weise ....
In effect he has no choice. Im Grunde hat er keine Wahl.
Rats eat practically anything. Ratten fressen praktisch alles.

almost; practically; virtually können am Satzanfang nur dann stehen, wenn Wörter wie *all; any; every* unmittelbar folgen.
Practically all schools make pupils take examinations. An praktisch allen Schulen müssen die Schüler Prüfungen ablegen.

Grade der Gewißheit. Wie gewiß man sich seiner Sache ist, kann man mit den folgenden Wörtern ausdrücken. Die Liste ist geordnet von „höchst unsicher" bis „sehr sicher".

conceivably denkbar, anzunehmen
possibly möglich
perhaps, maybe vielleicht
hopefully hoffentlich
probably wahrscheinlich

presumably sehr wahrscheinlich
almost certainly fast ganz sicher
no doubt, doubtless zweifellos
definitely mit (absoluter) Sicherheit

She is probably right. Sie hat wahrscheinlich recht.
Perhaps they looked in the wrong place. Vielleicht haben sie am falschen Ort gesucht.

Maybe steht fast immer am Satzanfang.
Maybe you ought to try a different approach. Vielleicht solltest du es mal mit einer anderen Methode versuchen.

Grade der Gewißheit können auch mit einigen Hilfsverben ausgedrückt werden. Mit diesen Hilfsverben kann man sich auch, wenn die Umstände das erfordern, etwas vorsichtiger ausdrücken.
Mit *could* zeigt man die Möglichkeit an, daß etwas so ist oder sein wird.
300,000 jobs could be lost. Möglicherweise sind/gehen 300.000 Arbeitsplätze verloren.
There could be something in the blood. Da könnte etwas mit/in dem Blut sein.

Ähnlich wird *might* und *may* verwendet.
It might be a trap. Das könnte eine Falle sein.
Kathy's career may be ruined. Es kann sein, daß Kathys Karriere ruiniert ist.

Man kann auch ausdrücken, daß man selbst keine unmittelbare persönliche Kenntnis von einer Angelegenheit hat; dies tut man mit *It seems that* ... oder mit *It appears that* ... ‚es sieht so aus‘, ‚es scheint, daß‘.
It seems that we're fully booked tonight. Es sieht so aus, als seien wir heute nacht voll belegt.
It appears that he followed my advice. Es sieht so aus, als sei er meinem Rat gefolgt.

Für denselben Zweck kann man auch *apparently* nehmen.
Apparently they had a row. Anscheinend haben sie miteinander Krach gehabt.

Etwas ist offensichtlich. Für „offensichtlich" stehen die folgenden Wörter zur Verfügung:

clearly klar, deutlich
naturally selbstverständlich
obviously offensichtlich

of course natürlich, freilich
plainly klar, deutlich

Obviously I can't do the whole lot myself. Es ist offensichtlich, daß ich alleine nicht alles das tun kann.
Price, of course, is a critical factor. Der Preis ist natürlich ein entscheidender Faktor.

Wenn man sehr gute Gründe hat, etwas anzunehmen, kann man mit dem Hilfsverb *must* formulieren.
There must be some mistake. Da muß ein Fehler sein.
Oh, you must be Sylvia's husband.

Für ‚Ich brauche wohl kaum zu sagen‘ gibt es *I need hardly say* oder *I need hardly tell you.*
I need hardly tell you what a delight it would be ... Ich brauche wohl kaum zu sagen, welche Freude es wäre ...
This, it need hardly be said, is a fantastic improvement. Es braucht wohl kaum gesagt zu werden, daß dies eine phantastische Verbesserung ist.

Die Wahrheit betonen. Um zu betonen, daß etwas wirklich so ist, wahr ist, verwendet man

actually wirklich, tatsächlich

indeed in der Tat

believe me wirklich, glaube mir   *really* wirklich
certainly wirklich, bestimmt   *truly* wirklich, wahrhaftig
honestly wirklich, ehrlich

No one actually saw this shark. Keiner hat diesen Hai tatsächlich gesehen.
Believe me, if you get robbed, the best thing to do is forget about it. Glaube mir, wenn du beraubt wirst, ist es das Beste, du vergißt es wieder.
I don't mind, honestly. Es macht mir nichts aus, ehrlich nicht.
Eight years was indeed a short span of time. Acht Jahre waren wirklich nur eine kurze Zeit.
I really am sorry. Es tut mir wirklich leid.

indeed kann auch am Schluß des Satzes stehen, dann muß man aber vorher ein Adjektiv oder Adverb mit *very* gebraucht haben.
I think she is a very stupid person indeed. ... wirklich sehr dumm.

Mit *exactly; just; precisely* bezieht man sich auf die Genauigkeit der Aussage.
They'd always treated her exactly as if she were their own daughter. Sie hatten sie immer genau so behandelt, als sei sie ihre eigene Tochter.
I know just how you feel. Ich weiß genau, wie du dich fühlst/wie dir zumute ist.
It is precisely the richest societies which pursue the most aggressive politics. Es sind gerade die reichsten Länder, die die aggressivste Politik verfolgen.

Persönliche Ansicht. Manchmal ist es sinnvoll, das Gesagte ausdrücklich als eigene, persönliche Meinung darzustellen.
Hierfür:
in my opinion nach meiner Meinung
in my view nach meiner Ansicht
personally ich selbst, persönlich
to my mind nach meinem Dafürhalten, nach meiner Meinung

In my opinion it was probably a mistake. Meiner Meinung nach war das wahrscheinlich ein Fehler.
All I can say is that, in my view, it's a long way to a United States of Europe.
Personally, I'm against capital punishment for murder. Ich persönlich/selbst bin gegen die Todesstrafe für Mord.
The worst of air travel to my mind is the hanging around in airport lounges. Das Schlimmste am Fliegen ist für mich das Herumsitzen in den Warteräumen der Flughäfen.

Oder man sagt *As far as I'm concerned ...* ,was mich betrifft'.
As far as I'm concerned, it would be a moral duty. Was mich angeht, ist es eine moralische Pflicht.

„Ehrliche Meinung". Was man „ehrlich meint" oder „geradeheraus" sagt, leitet man mit *frankly* oder *in all honesty* ein.
Frankly, the more I hear about him, the less I like him. Offen gesagt, je mehr ich über ihn höre, desto weniger gefällt er mir.
In all honesty, I would prefer Madison. Ehrlich gesagt, mir wäre Madison lieber.

Denselben Zweck hat *to be* gefolgt von *frank; honest; truthful.*
I don't really know, to be honest. Ich weiß es wirklich nicht, ehrlich.
To be perfectly honest, he was a tiny bit frightened of them. Um ganz ehrlich zu sein, er hatte ein kleines bißchen Angst vor ihnen.
'How do you rate him as a photographer?' – 'Not particularly highly, to be frank.'
„Was hältst du von ihm als Fotografen?" – „Nicht besonders viel, um ehrlich zu sein."

Diese Formulierungen haben oft auch die zusätzliche Funktion einer Warnung oder Entschuldigung, daß etwas Unhöfliches oder Strittiges gesagt wird.

Art der Aussage. Will man signalisieren, daß man sich auf eine besondere Weise ausdrückt, kann man *to put it* gefolgt von einem Adverb sagen.
To put it crudely, all unions have got the responsibility of looking after their members. Um es ganz deutlich zu sagen, alle Gewerkschaften müssen sich um ihre Mitglieder kümmern.
Other social classes, to put it simply, are either not there or are only in process of formation. Um es einfach zu sagen – andere soziale Schichten gibt es entweder nicht oder sie bilden sich gerade erst heraus.

Eine Untertreibung kann man mit *to put it mildly* oder mit *to say the least* kennzeichnen.
A majority of college students have, to put it mildly, misgivings about military service. Eine Mehrheit der Studenten hat, um es milde auszudrücken, ihre Zweifel am Wehrdienst.
The history of these decisions is, to say the least, disquieting. Die Entstehung dieser Beschlüsse ist, gelinde gesagt, beunruhigend.

Einen Gedanken als Gedanken kennzeichnen. Mit *I* und einem Verb des Denkens, Glaubens kann man angeben, wie stark man die geäußerte Meinung vertritt. Wenn man sagt *I think* oder *I reckon*, dann schwächt man die Aussage ab, relativiert sie. Mit *I suppose* zeigt man oft an, daß man von dem Gesagten nicht so ganz überzeugt ist. Die folgenden Verben kann man so gebrauchen:

I agree Ich stimme zu, jawohl	*I realize* Ich merke, erkenne
I assume Ich nehme an	*I reckon* Ich schätze
I believe Ich glaube	*I suppose* Ich nehme an
I fancy Ich glaube	*I think* Ich glaube, denke
I guess Ich schätze, nehme an	*I trust* Ich hoffe, vertraue darauf
I hope Ich hoffe	*I understand* Ich entnehme daraus;
I imagine Ich stelle mir vor	verstehe das so, daß
I presume Ich glaube, nehme an	

You have my phone number, so I assume you know my address.
A lot of that goes on, I imagine. So etwas passiert häufig, könnte ich mir vorstellen.
He was, I think, in his early sixties when I first encountered him. Ich glaube, er war Anfang 60, als ich ihn das erste Mal gesehen habe.
I reckon you're right. Ich denke, du hast recht.
I suppose I felt slightly jealous. Ich nehme an, ich war ein wenig eifersüchtig.

Ähnlich kann man *I'm* mit einem der folgenden Adjektive verwenden.

I'm certain Ich bin mir sicher	*I'm positive* Ich bin sicher
I'm convinced Ich bin überzeugt	*I'm sure* Ich bin sicher

I'm sure he'll win. Ich bin sicher, daß er gewinnt.
I'm happy with the team and I'm convinced we can win. Ich bin mit der Mannschaft sehr zufrieden, und ich bin überzeugt, daß wir gewinnen können.
I'm quite certain they would have made a search and found him. Ich bin ganz sicher, sie hätten nach ihm gesucht und ihn auch gefunden.

Eine Aussage kennzeichnen. Es kann sein, daß man mit dem, was man sagt, eine ganz bestimmte Absicht hat: man kann etwas vorschlagen, abstreiten, zulassen, versprechen, fordern und so weiter.
Einige Verben, die diese Absichten klar formulieren, sind:

I acknowledge /əknɒlɪdʒ/ Ich erkenne an, gestehe zu	*I maintain* Ich vertrete die feste Ansicht
I admit Ich gebe zu	*I pledge* Ich verspreche fest
I assure Ich versichere	*I predict* Ich sage voraus
I claim Ich behaupte	*I promise* Ich verspreche
	I propose Ich stelle zur Diskussion

I concede Ich gebe zu, räume ein
I confess Ich gebe zu, bekenne
I contend Ich behaupte
I demand Ich verlange, fordere
I deny Ich bestreite, streite ab
I guarantee Ich garantiere

I suggest Ich schlage vor
I swear Ich schwöre
I tell Ich sage
I vow Ich verspreche feierlich
I warn Ich warne

It is not, I admit, a good way of selling. Ich gebe zu, das ist keine gute Art, etwas zu verkaufen.
It was all in order, I assure you. Es war alles in Ordnung, (das) versichere ich dir.
I guarantee you'll like my work. Ich garantiere Ihnen, daß Ihnen meine Arbeit gefällt.
I warn you I am not at all a compatible person. Ich warne dich, ich bin überhaupt kein verträglicher Mensch.

Das Verb *deny* wird selten alleine gebraucht, meist wird es zu *I can't deny* oder *I don't deny* kombiniert.
I can't deny that you're upsetting me. Ich muß zugeben, daß du mich nervös machst.

I say alleine ist auch sehr selten, Kombinationen wie die folgenden sind aber häufig.
I must say I have a good deal of sympathy with Dr Pyke. Ich muß (schon) sagen/zugeben, daß ich mit Dr. Pyke in vielen Punkten einer Meinung bin.
Well, I must say it all sounds pretty peculiar. Nun, ich muß schon sagen, das klingt alles ziemlich merkwürdig.
All I can say is that it's extraordinary how similar they are. Das einzige, was ich dazu sagen kann, ist, wie außerordentlich ähnlich sie doch einander sind.
What I'm really saying is, I'm delighted they've got it. Was ich damit wirklich sagen will, ist ....
I would even go so far as to say that we are on the brink of a revolution. Ich würde sogar so weit gehen zu sagen, daß wir am Rande einer Revolution stehen.

Let me oder *May I* oder *I would like to* werden mit verschiedenen Verben gebraucht, um eine Frage einzuführen oder um etwas zu betonen.
Let me give you an example. Lassen Sie mich ein Beispiel geben/Ich gebe dir ein Beispiel.
First let me explain some of the principles involved. Lassen Sie mich zunächst einige der wichtigeren Grundsätze erklären.
May I make one other point. Kann ich noch ein weiteres Argument vorbringen?
I would like to ask you one question. Ich möchte Ihnen eine Frage stellen.

Die folgenden Substantive kann man so konstruieren: *the answer is ...; the problem is ...; the question is ....*

the answer is ... die Antwort ist ...	*the rule is* ... die Regel ist ...
the conclusion is ... die Schlußfolgerung ist ...	*the solution is* ... die Lösung ist ...
the fact is ... (die) Tatsache ist ...	*the thing is* ... die Sache ist ...
the point is ... das Wichtige ist ...	*the tragedy is* ... die Tragödie ist ...
the problem is ... das Problem ist ...	*the trouble is* ... das Problem ist ...
the question is ... die Frage ist ...	*the truth is* ... die Wahrheit ist ...

<u>*The fact is*</u> *they were probably right.* Tatsache ist, daß sie wahrscheinlich recht hatten.

<u>*The point is,*</u> *why should we let these people do this to us?* Der Punkt ist, warum sollten wir zulassen, daß diese Leute uns dies antun?

<u>*The only trouble is*</u> *it's rather noisy.* Das einzig Unangenehme ist, daß es ziemlich laut ist.

Well, you see, <u>*the thing is*</u> *she's gone away.* Nun, also, die Sache ist die, daß sie weg ist.

<u>*The crazy thing is,*</u> *most of us were here with him on that day.* Das Verrückte daran ist ....

Nach dem *is* kann ein *that* stehen, es sei denn – wie oben im zweiten Beispiel – der Satz geht als Frage weiter.

The important thing is <u>*that*</u> *she's eating normally.* Das Wichtige ist, daß sie normal ißt.

The problem is <u>*that*</u> *she can't cook.*

Man kann auch mit *what is* ... beginnen:

<u>*What's particularly impressive,*</u> *though, is that they use electronics so well.* Besonders beeindruckend ist dabei aber, wie gut sie die Elektronik einsetzen.

What's wrong with the car is that the valves are sticking. Das Problem bei dem Auto ist, daß die Ventile klemmen.

But <u>*what's happening*</u> *is that each year our old machinery becomes less adequate.* Aber was passiert, ist, daß unsere Maschinen jedes Jahr weniger wettbewerbsfähig werden.

ANTWORTEN: *replies*

In diesem Abschnitt wird erklärt, wie man auf *yes/no-questions* und auf *wh-questions* antwortet. (*yes/no-questions* sind Fragen, auf die im Prinzip mit *yes* oder mit *no* zu antworten ist. Bei *wh-questions* besteht die Antwort aus einer Information, die mit einem der Wörter *when, why, where, who* usw. und *how* erfragt wurde.)

Andere Arten der Erwiderung sind in einer Reihe von Abschnitten in diesem Buch behandelt, siehe „Jemandem etwas ANBIETEN; Sich BEDANKEN; BEGRÜSSEN und

VERABSCHIEDEN; BITTEN, BEFEHLE, ANWEISUNGEN; EINLADUNG und freundliche Aufforderung; Sich ENTSCHULDIGEN; KOMPLIMENTE, LOB und GLÜCKWÜNSCHE; VORSCHLÄGE machen".

Erwiderung auf *yes/no-questions*. Es gibt zwei Typen bei diesen Fragen. Der eine Typ ist die Frage, die keine Verneinung enthält, z.B. *Do you speak French?* Beim zweiten Typ wird die Frage mit einer Verneinung gestellt, z.B. *Isn't she a teacher?*

Auf die Fragen ohne Verneinung sagt man *Yes*, wenn es so ist, wie gefragt wird, und *No*, wenn es nicht so ist.
'Did you enjoy it?' – *'Yes, it was very good.'*
'Have you tried Woolworth's?' – *'Yes, I think we've tried them all.'*
'Have you decided what to do?' – *'Not yet, no.'*
'Did he lose his job?' – *'No. They sent him home.'*

Eine Antwort nur mit *Yes* oder *No* klingt nicht sehr freundlich.
Die entsprechenden *question tags*, wie *I have; they are; it isn't* können hinzugefügt werden. Manchmal steht der *tag* am Anfang.
'Are they very complicated?' – *'Yes, they are. They have quite a number of elements.'*
'Have you ever been hypnotised by anyone?' – *'No, no I haven't.'*
'Did you have a look at the shop when you were there?' – *'I didn't, no.'*

Manche sagen *Yeah* /jeə/ statt *Yes* (bei alltäglichen Unterhaltungen).
'Have you got one?' – *'Yeah.'*

Und gelegentlich auch *Mm* statt *Yes*.
'Is it very expensive?' – *'Mm, it's quite pricey.'* ... „Mhm, ganz schön teuer."

Manchmal kann man antworten, indem man einen bestimmten Grad angibt.
'Did she like it?' – *'Oh, very much, said it was marvellous.'* „Hat es ihr gefallen?" – „Oh, sehr, sie sagte, es sei wundervoll."
'Has he talked to you?' – *'A little. Not much.'* „Hat er mit dir gesprochen?" – „Ein wenig. Nicht viel."

Wenn man glaubt, daß *No* als Antwort nicht ganz richtig ist, hilft man sich mit *Not really* oder *Not exactly* (mit oder ohne *No*).
'Right, is that any clearer now?' – *'Not really, no.'* „O.K., ist das jetzt klarer geworden?" – „Nicht ganz, nein."
'Have you thought at all about what you might do?' – *'No, not really.'* „Hast du dir überhaupt schon überlegt, was du tun könntest?" – „Nein, nicht so recht."

33

Wenn die Frage *or* enthält, wird nur mit dem entsprechenden Wort oder der entsprechenden Wortgruppe geantwortet. Mit einem ganzen Satz reagiert man nur, wenn man etwas betonen oder sehr deutlich machen will.

'Do you want traveller's cheques or currency?' – *'Traveller's cheques.'* „Wollen Sie Reiseschecks oder Bargeld?" – „Reiseschecks."
'Tell me, are you left-handed or right-handed?' – *'Oh, I'm right-handed.'* „Sag, bist du Linkshänder oder Rechtshänder." – „Ah, Rechtshänder."
'Are cultured pearls synthetic or are they real pearls?' – *'They are real pearls, but a tiny piece of mother-of-pearl has been inserted in each oyster.'* „Sind Zuchtperlen künstlich oder sind es echte Perlen?" – „Es sind echte Perlen, aber in jede Auster wurde ein kleines Stück Perlmutt gegeben."

In vielen Fällen will der Fragende mehr als die Antwort „Ja" oder „Nein". Die entsprechende ausführlichere Information wird dann oft mit *Well* eingeleitet.
'Do you think I'll be any good at teaching?' – *'Well, I hope so! We'll just have to see, won't we?'* „Glaubst du, daß ich als Lehrer gut sein werde?" – „Nun, ich hoffe doch! Wir müssen eben abwarten!"
'Did you find any difficulties when you were interviewing people from the University?' – *'Well, most of them are very articulate, and in fact the problem on occasions was actually shutting them up!'* „Hatten Sie irgendwelche Schwierigkeiten bei den Interviews mit den Leuten von der Universität?" – „Nun, die meisten konnten sich sehr gut ausdrücken, und gelegentlich war es mehr das Problem, sie vom Reden abzuhalten."

Erwiderung auf verneinte *yes/no-questions*. Solche verneinten Fragen werden meist verwendet, wenn der Sprecher glaubt, daß die Antwort *Yes* ist oder sein sollte.
Fragt jemand *Hasn't James phoned?*, dann ist die Antwort *Yes*, wenn er telefoniert hat, und *No*, wenn er nicht telefoniert hat – also genau so, wie wenn die Frage nicht verneint formuliert worden wäre und *Has James phoned?* gelautet hätte.
'Haven't they just had a conference or something?' – *'Yes.'*
'Haven't you any socks or anything with you?' – *'Well – oh, yes – in that suitcase.'*
'Didn't you like it, then?' – *'Not much.'*

Auf eine verneinte Aussage in Form einer Frage erwidert man *No*, wenn die verneinte Aussage richtig oder wahr ist.
'So you've never been guilty of physical violence?' – *'No.'* „Sie haben also niemals körperliche Gewalt angewendet?" – „Nein" (= Nein, ich habe niemals ...).
'You didn't mind me coming in?' – *'No, don't be daft.'* „Es hat dir nichts ausgemacht, daß ich reingekommen bin?" – „Nein, sei doch nicht albern."

34

Auf eine positive, nicht verneinte Aussage in Form einer Frage sagt man *Yes*, wenn man die Aussage für wahr hält.

'He liked it?' – 'Yes, he did.'

'You've heard me speak of Angela?' – 'Oh, yes.'

Erwidern, wenn man sich nicht sicher ist. Weiß man die Antwort auf eine *yes/no-question* nicht, sagt man *I don't know* oder *I'm not sure.*

'Did they print the list?' – 'I don't know.' „Haben sie die Liste gedruckt?" – „Ich weiß (es) nicht."

'Is there any chance of you getting away this summer?' – 'I'm not sure.' „Wirst du diesen Sommer Urlaub machen können?" – „Ich weiß nicht."

Auch *could; might; may* können gebraucht werden.

'Did they print the list?' – 'It could be.' ... – „Könnte sein."

'Is there a file on me somewhere?' – 'Well, there might be.' „Gibt es hier irgendwo eine Akte über mich?" – „Vielleicht."

'Did you drive down that road towards Egletons on Friday morning?' – 'I might have done.' ... – „Könnte sein."

Die Erwiderung „Ich glaube schon" wird mit *I think so* formuliert.

'Do you understand?' – 'I think so.'

'Will he be all right?' – 'Yes, I think so.'

Im amerikanischen Englisch sagt man dafür häufig *I guess so.*

'Can we go inside?' – 'I guess so.'

Wenn man raten muß, kann man das mit *I should think so; I would think so; I expect so; I imagine so* einleiten.

'Will Sarah be going?' – 'I would think so, yes.' ... „Das nehme ich schon an, ja."

'Did you say anything when I first came up to you?' – 'Well, I expect so, but how on earth can I remember now?' ... „Nun, ich denke doch, aber wie um Himmels willen soll ich mich jetzt daran erinnern können?"

Wenn einem das Ganze egal ist, oder wenn man mit der Situation nicht recht glücklich ist, verwendet man *I suppose so.*

'Are you on speaking terms with them now?' – 'I suppose so.' „Redet ihr jetzt wieder miteinander?" – „Naja."

Ist man der Ansicht, daß der genannte Sachverhalt wahrscheinlich nicht besteht, sagt man *I don't think so.*

'Was there any paper in the safe?' – *'I don't think so.'* ... – „Ich glaube nicht."
'Did you ever meet Mr Innes?' – 'No, *I don't think so.*'

Einen ähnlichen Zweck erfüllen *I wouldn't think so; I shouldn't think so; I don't expect so.*
'Would Nick mind, do you think?' – 'No, *I shouldn't think so.*' ... „Nein, das glaube ich nicht."

Antwort auf *wh-questions*. Auf diese Fragen reagiert man meist mit einem Wort oder mit einer Wortgruppe, aber nicht mit einem ganzen Satz.
'How old are you?' – *'Thirteen.'*
'How do you feel?' – *'Strange.'*
'What sort of iron did she get?' – *'A steam iron.'*
'Where are we going?' – *'Up the coast.'*
'Why did you run away?' – *'Because Michael lied to me.'*

Ganze Sätze verwendet man, wenn ausführliche Information nötig ist, z.B. bei einer Begründung.
'Why did you quarrel with your wife?' – *'She disapproved of what I'm doing.'* „Warum hast du mit deiner Frau gestritten?" – „Es paßt ihr nicht, was ich tue."

Weiß man die Antwort nicht – *I don't know; I'm not sure.*
'What shall we do?' – *'I don't know.'*
'How old were you then?' – *'I'm not sure.'*

Sich BEDANKEN: *thanking someone*

Man bedankt sich mit *Thank you* oder, in zwangloser Situation, mit *Thanks*.
'I'll take over here.' – *'Thank you.'* „Ich löse dich hier ab." – „Danke."
'Don't worry, Caroline. I've given you a marvellous reference.' – *'Thank you, Mr Dillon.'* „Keine Sorge, Caroline. Ich habe Ihnen ein prima Gutachten geschrieben." – „Danke, Mr. Dillon."
'There's your receipt.' – *'Thanks.'*
'Would you tell her that Adrian phoned and that I'll phone at eight?' – 'OK.' – *'Thanks.'*

Im britischen und australischen Englisch wird in zwanglosen Situationen gelegentlich auch mit *cheers* gedankt (aber nicht mit *cheerio*). In Großbritannien hört man auch *Ta* / tɑ:/.

Wenn man sagen will, wofür man dankt, benutzt man *Thank you for ...* oder *Thanks for ....*
Thank you for the earrings, Whitney.
Thank you for a delicious lunch.
Well, then, good-night, and thanks for the lift. ... und danke fürs Mitnehmen.
Thanks for helping out. Danke, daß du ausgeholfen hast.

Nachdrücklich danken. Zu diesem Zweck fügt man *very much* oder *very much indeed* an.
'Here you are.' – 'Thank you very much.' „Bitte sehr." – „Recht vielen Dank."
'I'll ring you tomorrow morning.' – 'OK. Thanks very much indeed.'

Man kann auch sagen *Thanks a lot* (aber nicht *Thank you a lot* oder *Thanks lots*).
'All right, then?' – 'Yes, thanks a lot.' „Alles in Ordnung dann?" – „Ja, vielen Dank."

Wenn man große Dankbarkeit äußern will, also sagt, daß es „sehr nett" oder „sehr freundlich" vom andern sei, kann man dies mit *That's very kind of you* oder *That's very good of you* tun.
'Any night when you feel a need to talk, you will find me here.' – 'That's very kind of you.'
'Would you give this to her?' – 'Sure. When I happen to see her.' – 'That's very good of you, Rudolph.'

Oder man sagt *That's wonderful* oder einfach *Great*.
'I'll see if she can be with you on Monday.' – 'That's wonderful!'
'Do them as fast as you can.' – 'Yes. OK.' – 'Great.'

Die folgenden Beispiele für das Bedanken entsprechen in etwa den deutschen Ausdrücken „Vielen, vielen (herzlichen) Dank", „Ich weiß gar nicht, wie ich Ihnen danken soll" oder ähnlich.
'All right, Sandra?' – 'Thank you so much, Mr Atkinson; you've been wonderful. I just can't thank you enough.'
'She's safe.' – 'I don't know how to thank you.'
I can't tell you how grateful I am to you for having listened to me.

Formell danken. Das leitet man mit Formeln ein wie *I wanted to thank you for* oder *I'd like to thank you for* (besonders, wenn man sich für etwas bedankt, das kurz vorher getan wurde oder geschah).

I wanted to thank you for the beautiful necklace. Ich möchte dir für die wundervolle Kette danken.
I want to thank you all for coming. Ich möchte Ihnen allen für Ihr Kommen danken.
We learned what you did for Ari and I want to tell you how grateful I am. Wir haben gehört, was Sie für Ari getan haben und ich möchte Ihnen sagen, wie dankbar ich dafür bin.
I'd like to thank you for your patience and your hard work. Ich möchte Ihnen für Ihre Geduld und die geleistete harte Arbeit danken.

Weitere Formeln sind *I'm very grateful to you* oder *I really appreciate it* und ähnliche.
I'm grateful for the information you've given me on Mark Edwards.
I'm extremely grateful to you for rescuing me.
Thank you for coming to hear me play. I do appreciate it. Vielen Dank, daß Sie gekommen sind, um mich spielen zu hören. Ich weiß es sehr zu schätzen.

Für etwas Angebotenes danken. Wenn einem etwas angeboten wird, nimmt man es mit *Thanks* oder *Thank you* an.
'Have a cake.' – *'Thank you.'*

Nimmt man das Angebot nicht an, dankt man mit *No, thank you* oder mit *No, thanks.*
'There's one biscuit left. Do you want it?' – *'No, thanks.'* „EIN Keks ist noch da. Möchtest du?" – „Nein, danke."

Man lehnt also nicht einfach mit *Thank you* ab.

Für ein Geschenk danken. Für ein Geschenk bedankt man sich mit *Thank you* oder mit einem Ausdruck wie *It's lovely.*
'It's lovely. What is it?' – *'It's a shark tooth. The casing's silver.'* „Vielen Dank. Was ist das?" – „Ein Haizahn. Die Fassung ist Silber."

Manche sagen *You shouldn't have,* wenn sie sich höflich bedanken wollen.
'Here. This is for you.' – *'Joyce, you shouldn't have.'*

Danken auf Fragen nach dem Befinden. Auf die üblichen Fragen, wie es einem oder jemand anderem geht, wie es einem irgendwo ergangen ist, reagiert man ebenfalls mit

Thank you oder *Thanks* und einem kurzen Kommentar.
'How are you?' – 'Fine, thank you.'
'How is Andrew today?' – 'Oh, Andrew's very well, thank you.'
'Did you have a nice weekend?' – 'Lovely, thank you.'

In einem Brief danken. In Briefen schreibt man in der Regel *Thank you for* .... In Geschäftsbriefen formuliert man *I am grateful for* ....
Dear Madam, Thank you for your letter replying to our advertisement for an assistant cashier.
I am grateful for your prompt reply to my request.

Bei Freunden, guten Bekannten usw. kann man *Thanks for* schreiben.
Thanks for writing.

Auf einen Dank reagieren. Wenn man jemandem etwas reicht oder einen kleineren Dienst getan hat und sich der andere dafür bedankt, braucht man (in Großbritannien) darauf nichts weiter zu sagen.
In den USA reagieren viele (besonders Angestellte in Geschäften) auf ein *Thank you* oder *Thanks* mit *You're welcome* – entsprechend dem deutschen „bitte, bitte sehr".

Einen Dank, auf den man im Deutschen mit „Schon in Ordnung" oder „Ist schon recht" reagieren würde, quittiert man mit *That's all right* oder *That's okay.*
'Thank you, Charles.' – 'That's all right, David.'
'Thanks. I really appreciate it.' – 'That's okay.'

Höflich und freundlich ist *It's a pleasure* oder einfach *pleasure* ‚War mir ein Vergnügen', ‚Hab ich gerne getan'.
'Thank you very much for talking to us about your research.' – 'It is a pleasure.'
'Thank you for the walk and the conversation.' – 'Pleasure.'

Die Reaktion mit *any time* ist recht zwanglos.
'Thanks for your help.' – 'Any time.' „Danke, daß du mir geholfen hast." – „Jederzeit."

Wenn sich jemand ganz nachdrücklich bedankt, kann man die folgenden Ausdrücke als Reaktion verwenden.
'He's immensely grateful for what you did for him.' – 'It was no trouble.' ... – „Das war doch kein Problem."
'Thanks, Johnny. Thanks for your trouble.' – 'It was nothing.' ... – „Nicht der Rede wert."

'I'm enormously grateful to you for telling me.' – *'Not at all.'* ... – „Ach, das war doch nichts Besonderes."

Die Formel *Don't mention it* (für diese Reaktion) ist altmodisch.
'Thanks. This is really kind of you.' – *'Don't mention it.'*

BEGRÜSSEN und VERABSCHIEDEN:
greetings and goodbyes

In diesem Abschnitt wird gezeigt, wie sich Leute begrüßen, wenn sie einander treffen, und wie sie sich von einander verabschieden. (Wie man sich und andere vorstellt, ist im Abschnitt über „Sich selbst und andere VORSTELLEN" gezeigt, für den Beginn und das Ende eines Telefongespräches s. den Abschnitt über „TELEFONIEREN".)

Begrüßen. Üblicherweise grüßt man einander mit *Hello*. Man kann *How are you?* oder eine andere Frage zufügen.
Hello there, Richard, how are you today?
Hello, Luce. Had a good day?

Das Grüßen mit *How do you do?* verwendet man nur, wenn man sich zum ersten Mal sieht, sich vorstellt oder vorgestellt wird. Siehe den Abschnitt „Sich selbst und andere VORSTELLEN".

Freunde oder Bekannte begrüßen. Bei einer zwanglosen Begrüßung sagt man *Hi* oder *Hiya* /haɪjə/.
'Hi,' said Brody. 'Come in.'

Diese Art der Begrüßung gilt vor allem für das amerikanische Englisch.

Wenn man Freunde oder Bekannte nach längerer Zeit wieder trifft, kann man sie zwanglos begrüßen mit
Well, look who's here!
Well, well, it is nice to see you again.

Und wenn man jemanden dort trifft, wo man ihn oder sie nicht erwartet hat, kann man sagen *Fancy seeing you here* ‚Was machst DU denn hier?'

Formelle Begrüßung. Bei formellen oder formelleren Begrüßungen hängt die Art des Grußes von der Tageszeit ab. Man sagt *Good morning* bis ungefähr ein Uhr mittags (!), *Good afternoon* /gʊd ɑːftənuːn/ von ungefähr ein Uhr mittags bis abends sechs Uhr, und danach *Good evening*.

Good morning. I can give you three minutes. I have to go out.
Good evening. I'd like a table for four, please. Guten Abend. Bitte einen Tisch für vier Personen.

Diese Art zu begrüßen findet sich besonders bei Telefongesprächen (wenn man den anderen nicht kennt).
'Good afternoon. William Foux and Company.' – 'Good afternoon. Could I speak to Mr Duff, please?'
Good evening. I am Brian Smith and this is the second of a series of programmes about the University of Sussex.

Wenn man das *good* wegläßt, klingt es zwangloser.
Morning, Alan.
Afternoon, Jimmy.

Hinweis. Mit *Goodnight* verabschiedet man sich am Abend, wenn man geht oder wenn man zu Bett geht. *Goodnight* ist also keine Begrüßung.
Good day klingt im britischen Englisch veraltet und ziemlich formell, ist aber im amerikanischen und australischen Englisch durchaus zu hören.

Wie *welcome* gebraucht wird, zeigen die folgenden Beispiele. *welcome* ist aber ziemlich formell.
Welcome to Peking.
Welcome home, Marsha.
Welcome back.

Reaktion auf die Begrüßung. Zur Reaktion auf die Begrüßung verwendet man normalerweise dasselbe Wort oder denselben Ausdruck.
'Hello, Sidney.' – 'Hello, Yakov! It's good to see you.' „ ... schön dich zu sehen."

Falls man auch etwas gefragt wurde, antwortet man eben.
'Hello, Barbara, did you have a good shopping trip?' – 'Yes, thanks.'
'Hello. May I help you?' – 'Yes, I'd like a table, please.'
'Good morning. And how are you this fine day?' – 'Very well, thank you.'

Wenn einen jemand mit *How are you?* begrüßt hat, gibt man eine kurze Antwort, z.B. *Fine, thanks* – es sei denn, man hat Grund zur Annahme, daß sich der oder die andere wirklich und ausführlich nach einem selbst erkundigen will. Es gilt als höflich, wenn man nach der kurzen Antwort selbst zurückfragt mit *How are you?* oder mit *And you?*

Begrüßung an besonderen Tagen. An Weihnachten kann man jemanden mit *Happy Christmas* oder *Merry Christmas* begrüßen, an Neujahr mit *Happy New Year*, an Ostern mit *Happy Easter*. Als Antwort wiederholt man diesen Gruß oder sagt z.B. *And a happy Christmas to you too* oder *And you!*

Die Begrüßung für jemanden, der Geburtstag hat, ist *Happy Birthday!* oder *Many happy returns!* Als Geburtstagskind antwortet man darauf mit *Thank you.*

Verabschieden. Man sagt *Goodbye*, wenn man selbst weggeht oder wenn andere gehen.
'Goodbye, dear,' Miss Saunders said.

Am späten Abend oder in der Nacht kann man *Goodnight* sagen.
'Well, I must be off.' – 'Goodnight, Moses dear.'
'Well, goodnight, Flora,' – 'Goodnight, Howard.'

Goodnight sagt man auch zu denen, die im selben Haus sind, wenn man schlafen geht.

Hinweis. Im heutigen Englisch werden *Good morning, Good afternoon* und *Good evening* nicht als Abschiedsgruß gebraucht.

Mit *bye* verabschiedet man sich zwangloser als mit *goodbye*.
See you about seven. Bye.

Und noch zwangloser ist *bye-bye*, man sagt es zu Freunden, Verwandten und Kindern.
Bye-bye, dear; see you tomorrow.

Wenn zu erwarten ist, daß man die andere Person bald wiedersieht, kann man so etwas sagen wie *See you, See you later, See you soon, See you around* (plus Uhrzeit) oder *I'll be seeing you*. Diese Ausdrücke entsprechen den deutschen Ausdrücken mit „bis“, wie „bis dann, bis später, bis bald, bis (z.B. sieben) Uhr“.
See you later maybe.
Must go in now. See you tomorrow.
See you in the morning, Quent.

Einige sagen auch *so long*.
'Well. So long.' He turned and walked back to the car.

Das fürsorgliche „Paß auf dich auf!" ist *Take care* oder *Take care of yourself* oder *Look after yourself.*
'Take care.' – *'Bye-bye.'*
'Look after yourself, Ginny dear.' – *'You, too, Mother.'*

Im amerikanischen Englisch hört man öfter *Have a nice day*. Das ist ein Abschiedsgruß für Personen, die man nicht näher kennt, also etwa für diejenigen, die ein Geschäft oder ein Restaurant verlassen.
'Have a nice day.' – *'Thank you.'*

Cheers und *cheerio* /tʃɪərɪəʊ/ sind Verabschiedungen im britischen Englisch.
See you at six, then. Cheers!
I'll give Brigadier Sutherland your regards. Cheerio.

Formelle Abschiedsgrüße. Wenn man sich von jemandem verabschiedet, den man nicht besonders gut kennt, stehen als Ausdrücke zur Verfügung z.B. *I look forward to seeing you (again soon)* oder *It was nice meeting you* und ähnliche.
I look forward to seeing you in Washington. Goodbye.
It was nice meeting you, Dimitri. Hope you have a good trip back.
It was nice seeing you again.

BITTEN, BEFEHLE, ANWEISUNGEN:
requests, orders, and instructions

Die einfachste Art, eine Bitte zu formulieren, ist die Frage mit *Can I have ...?* (oder *Can we have ...?*, wenn man für eine Gruppe spricht). Mit einem hinzugefügten *please* klingt die Bitte höflicher.
Can I have a light? Kann ich Feuer haben?
Can I have some tomatoes?
Can I have my hat back, please?
Can we have something to wipe our hands on, please? Können wir bitte etwas haben, um uns die Hände abzuwischen?

Die Bitte mit *Could I ...?* ,Könnte ich' ist höflicher.
Could I have another cup of coffee?

Früher wurde gelehrt, daß man korrekt mit *may* bzw. *might* um etwas bittet – statt mit *can* oder *could.* Im heutigen Englisch wird aber allgemein *can* oder *could* gebraucht. Bitten mit *may* klingen sehr formell, und das *might* ist heute veralteter Sprachgebrauch.
May we have something to eat?

Um eine Bitte dringender zu machen, kann man *can't* bzw. *couldn't* verwenden.
Can't we have some music? Können wir (denn) nicht ein wenig Musik hören?

Mit *Have you got ...?* oder mit *You haven't got ...* plus *have you?* am Ende fragt man auf indirekte, aber durchaus übliche und informelle Weise.
Have you got a piece of paper or something I could write it on?
Have you got a match?
You haven't got that 20 pence, have you?
Oh hell, I've completely finished off this handkerchief. You haven't got a Kleenex or anything, have you?

Indirekt, informell und beiläufig ist die Frage mit *Any chance of ...?*, wenn man erwartet, daß die Frage ohne Erfolg bleibt.
Any chance of a bit more cash in the New Year? Bißchen mehr Geld im Neuen Jahr ist wohl nicht drin?

Als Kunde fragen. In einem Geschäft, einem Restaurant oder Hotel sagt man einfach, was man will, gefolgt von *please.*
A packet of crisps, please.
Scotch and water, please.

Oder *I'd like ....*
I'd like a room, please. For one night. Ich hätte gern ein Zimmer, bitte. Für eine Nacht.

Wenn man nicht weiß, ob das Erwünschte vorhanden ist, fragt man mit *Have you got ...?*
Have you got any brochures on Holland? Haben Sie irgendwelche Prospekte von Holland?

Für das deutsche „Ich bekomme ..." (im Restaurant usw.) sagt man *I'll have ....* Mit *What'll you have?* fragt man den anderen, was er essen oder trinken möchte.
The waitress brought their drinks and said, 'Ready?' 'Yes,' said Ellen. 'I'll have the

shrimp cocktail and the chicken.' ... und sagte, „Haben Sie etwas ausgesucht?" – „Ja",
sagte Ellen. „Ich bekomme den Krabbencocktail und das Hühnchen."
'Well, here at last, Mr Adamson! Now what'll you have?' – *'I'll have a glass of beer,
thanks, Mr Crike.'*

Oder man sagt *I'd like* ....
I'd like some tea.
I think I'd like some lemonade.

Jemanden bitten, etwas zu tun. Eine solche Bitte leitet man mit *Could you ...?* oder
Would you ...? ein. Diese Art der Bitte ist recht höflich, mit *please* am Ende kann man
sie noch höflicher klingen lassen.
Could you just switch the projector on behind you? Könnten Sie den Projektor hinter
Ihnen einschalten?
Could you make out our bill, please? Könnten wir bitte zahlen?
Could you tell me, please, what time the flight arrives? Könnten Sie mir bitte sagen,
wann das Flugzeug ankommt?
Would you tell her that Adrian phoned?
Would you take the call for him, please? Würdest du den Anruf für ihn übernehmen,
bitte?

Noch höflicher wird die Bitte mit *perhaps* oder *possibly* nach *Could you.*
Could you possibly take me to the railroad station on your way to work this morning?
Könntest du mich vielleicht heute morgen zum Bahnhof bringen, wenn du zur Arbeit
fährst?

Sehr höflich ist die Bitte mit *Do you think you could ...?* oder *I wonder if you could...?*
Do you think you could help me?
I wonder if you could look after my cat for me while I'm away?

Auch mit *Would you mind* ... und einer *-ing*-Form kann man höflich bitten.
Would you mind doing the washing up?
Would you mind waiting a moment?

In formellen Briefen und Reden gibt es weitere Ausdrücke für höfliches Bitten.
I would be grateful if ... Ich wäre Ihnen dankbar, wenn ...
I would appreciate it if ... Ich würde es zu schätzen wissen, wenn ...
Would you kindly ... Würden Sie so freundlich sein und ...

Allerdings: diese sehr höflichen Bitten werden manchmal dazu verwendet, jemanden indirekt aufzufordern, etwas zu tun.

Leute, die man gut kennt, kann man in zwanglosen Situationen auch mit *Can you ...?* oder *Will you ...?* bitten.
Can you give us a hand? Kannst du uns mal helfen?/Hilfst du uns mal?
Can you make me a copy of that? Machst du mir davon eine Kopie?
Will you post this for me on your way to work? Kannst du das für mich aufgeben, wenn du zur Arbeit gehst?
Will you turn on the light, please, Henry? Machst du bitte das Licht an, Henry?

Manchmal muß man annehmen, daß der andere die Bitte wahrscheinlich nicht erfüllen will oder kann. Eine Bitte unter solchen Umständen wird mit *You wouldn't ..., would you* oder *You couldn't ..., could you?* formuliert. (Beim *tag* am Schluß geht die Stimme nach oben.)
You wouldn't sell it to me, would you? Sie würden mir das wohl nicht verkaufen, oder doch?
You wouldn't lend me a bit of your greeny eyeshadow too, would you? Du könntest mir nicht auch ein bißchen von deinem grünlichen Lidschatten geben, oder?
You couldn't give me a lift, could you?

Bei ähnlichen Voraussetzungen fragt man auch mit *I suppose you couldn't ...* oder *I don't suppose you could ....*
I suppose you couldn't just stay an hour or two longer? Ich nehme an, du könntest nicht noch ein oder zwei Stunden länger bleiben?
I don't suppose you'd be prepared to stay in Edinburgh?

Man kann auch sagen, daß man „um einen Gefallen bittet": *Would you do me a favour?* oder *I wonder if you could do me a favour?*
'Oh, Bill, I wonder if you could do me a favour.' – *'Depends what it is.'* „Oh, Bill, könntest du mir vielleicht einen Gefallen tun?" – „Hängt davon ab, was es ist".
'I wonder if you'd do me a favour.' – *'Of course.'* – *'In that bag there's something I'd like your opinion on.'*
'Will you do me a favour?' – *'Depends.'* – *'Be nice to him.'*
'Do me a favour, Grace.' „Tu mir einen Gefallen, Grace."

Befehle und Anweisungen. Befehle und Anweisungen werden oft als Bitten formuliert – weil dies eben höflicher ist – , selbst wenn eine Autorität oder „Weisungsbefugnis" vorhanden ist. Im folgenden ist aber davon die Rede, wie man jemandem direkt sagt, daß er etwas tun soll.

Man kann ganz einfach die Befehlsform gebrauchen.
Pass the salt.
Let me see it.
Don't touch that!
Hurry up!
Look out! There's a car coming.

Diese Art der Anweisung ist aber nicht höflich, sie setzt einen zwanglosen Umgang voraus und daß man die anderen gut kennt (oder daß die Situation zur Eile drängt bzw. gefährlich ist).
Die Befehlsformen werden aber auch verwendet, wenn man jemanden einlädt, etwas zu tun, z.B. *Come in* oder *Take a seat.* Unter solchen Umständen sind sie nicht unhöflich.

Befehle werden mit *please* freundlicher.
Go and get the file, please. Holen Sie bitte die Akte.
Wear rubber gloves, please. Ziehen Sie bitte Gummihandschuhe an.

Auch ein *will you?* am Ende schwächt den Charakter des Befehls (zur Bitte hin) ab.
Come into the kitchen, will you? Komm in die Küche, ja?
Don't mention them, will you? Nichts von diesen Sachen sagen, ja?

Als „Autoritätsperson" kann man einen Befehl auch mildern, wenn man mit „Ich hätte gern, daß" formuliert: *I would like you to* oder *I'd like you to.*
John, I would like you to get us the files.
I'd like you to read this.
I shall be away tomorrow, so I'd like you to chair the weekly meeting. Ich werde morgen nicht da sein, und deswegen hätte ich gern, daß Sie morgen die wöchentliche Sitzung leiten.

Ausdrückliche Befehle. Mit *do* vor der Befehlsform sagt man anderen, wie sie sich – zu ihrem eigenen Wohl – verhalten sollen. Man verwendet das *do* auch, wenn man unter Freunden nachdrücklich werden muß.
Do be careful. Sei ja vorsichtig.
Do remember to tell William about the change of plan. Denk auf jeden Fall daran, William zu sagen, daß der Plan geändert wurde.

Mit *You must ...* wird betont, daß die Handlung wichtig und notwendig ist.
You must come at once. Sie müssen sofort kommen.
You must tell no one. Sie dürfen niemandem davon erzählen.

Vor die Befehlsform kann man *You* setzen. Das setzt aber gute Bekanntschaft voraus, und außerdem signalisiert es manchmal Ungeduld. Das *you* ist betont.

You take it.

You get in the car. DU gehst jetzt ins Auto.

Die Verwendung von *Will you ...?* signalisiert einen ausdrücklichen und direkten Befehl gegenüber jemandem, der Befehle ausführen muß. *Will you* klingt auch ungeduldig und ärgerlich.

Will you pack everything, please, Maria.

Will you stop yelling! Hör endlich auf zu brüllen!

Ärger zeigt auch *will you?* nach einer Befehlsform an, wenn dieses *will you?* betont und mit steigender Stimme gesprochen wird.

Just listen to me a minute, will you? Hör mir doch mal eine Minute zu, ja?

Befehle mit *Can't you ...?* klingen sehr verärgert und sind sehr unhöflich.

Really, can't you show a bit more consideration? Also wirklich, kannst du denn nicht etwas rücksichtsvoller sein?

Look, can't you shut up about it? Du kannst wohl nicht damit aufhören, oder?

For God's sake, can't you leave me alone? Meine Güte, kannst du mich denn nicht in Ruhe lassen?

Unhöflich und verärgert klingt auch ein *can't you* nach einer Befehlsform.

Do it quietly, can't you? Mach's doch leise, oder geht das nicht?

Wenn der andere tun muß, was man sagt, leitet man mit *You will* ein. Das ist ein ausdrücklicher Befehl.

You will go and get one of your parents immediately. Du wirst jetzt sofort deinen Vater oder deine Mutter holen.

You will give me those now. Sie werden mir diese Sachen jetzt geben.

Schilder und Hinweise. Auf Schildern werden Verbote manchmal mit *No* und der *-ing*-Form gegeben.

No Smoking. Rauchen verboten.

Befehle werden manchmal mit *must* formuliert.

Dogs must be kept on a lead at all times. Hunde stets an der Leine führen.

Anweisungen, wie etwas zu tun ist. Anweisungen können in der Befehlsform gegeben werden. Das ist die übliche Art und keineswegs unhöflich. Die deutschen Entsprechungen sind je nach Text und Situation unterschiedlich.

Turn right off Broadway into Caxton Street. Biegen Sie am Broadway rechts ab in die Caxton Street.
In emergency, dial 999 for police, fire or ambulance. Bei Notfällen Polizei, Feuerwehr oder Krankenwagen mit 999 rufen.
Fry the chopped onion and pepper in the oil. Die geschnittenen Zwiebeln und den Paprika in Öl braten/Die geschnittenen Zwiebeln ... werden in Öl gebraten.

Solche Befehlssätze sind besonders häufig in geschriebenen Anweisungen, Bedienungshinweisen und anderen Anleitungen. Bei Verben, die normalerweise ein Objekt haben, wird dieses Objekt oft weggelassen, wenn klar ist, was gemeint ist. Daher heißt es eher z.B. *Store in a dry place* ‚Trocken lagern' als *Store this food in a dry place*. Auch die Artikel werden oft weggelassen. In einem Rezept würde man lesen *Peel and core apples* ‚Äpfel schälen und Kerngehäuse entfernen' (statt *Peel and core the apples*).

Must be beinhaltet, daß man etwas tun soll, *should be* ist weniger nachdrücklich.
Mussels must be bought fresh and cooked on the same day. Muscheln muß man /sollte man unbedingt frisch kaufen und am selben Tag zubereiten.
Carbon steel knives should be wiped clean after use. Messer aus Flußstahl nach Gebrauch reinigen.

Siehe auch den Abschnitt „Einen RATSCHLAG geben".

In der gesprochenen Sprache und in weniger förmlichen Texten verwendet man auch *you* wie folgt.
First you take a few raisins and soak them overnight in water. Zuerst nimmt man einige Rosinen und weicht sie über Nacht in Wasser ein.
You do not say that someone becomes 'iller' or 'more ill.' You say they become 'worse'. Man sagt nicht, daß jemand 'iller' oder 'more ill' wird. Man sagt 'worse'.

Auf Bitten und Befehle reagieren. Die normale Reaktion für die Annahme einer Bitte oder eines Befehls ist *OK; All right* oder *Sure.*
'Do them as fast as you can.' – 'Yes, OK.'
'Don't do that.' – 'All right, I won't.'
'Could you give me a lift?' – 'Sure.'

Höflicher ist die Reaktion mit *Certainly* ‚Natürlich; Aber natürlich; Gewiß'.
'Could you make out my bill, please?' – 'Certainly, sir.'

Bitten und andere Verlangen schlägt man ab mit *I'm sorry, I can't* oder *I'm afraid, I can't* oder indem man eine Begründung gibt, warum man die Bitte nicht erfüllen kann.
'Put it on the bill.' – *'I'm afraid I can't do that.'* „Nehmen Sie es mit auf die Rechnung". – „Das geht leider nicht."
'Do me this favour. This once.' – *'I'm sorry, Larry, I can't.'* „Tu mir den Gefallen. Dieses eine Mal." – „Das kann ich nicht, Larry. Leider."
'Could you phone me back later?' – *'No, I'm going out in five minutes.'* „Könntest du mich später zurückrufen?" – „Nein, ich gehe in fünf Minuten weg."

Einfach *No* zu sagen ist unhöflich.

BRIEFE schreiben: *letter writing*

Bei einem Brief werden die Sprache, die man verwendet, und die äußere Form davon bestimmt, wie förmlich der Brief ist.

Förmliche Briefe. In förmlichen Briefen, also zum Beispiel in Geschäftsbriefen oder Bewerbungen, verwendet man auch eine förmliche Sprache. Förmliche Sprache ist unter anderem dadurch gekennzeichnet, daß man keine zusammengezogenen Formen wie *I'm* oder *I've, I'll, doesn't* verwendet, daß man bestimmte Ausdrücke gebraucht, wie z.B. unten *in response to* ‚in Erwiderung auf‘, *could you please send me* oder *I look forward to hearing from you soon* ‚in Erwartung Ihrer Antwort‘. Wenn man sichergehen will, muß man die Wörter, die man gebrauchen möchte, nachschlagen: Wörter, die im Wörterbuch als „gesprochen", „umgangssprachlich", „Alltagssprache", *„familiar"*, *„colloquial"* bezeichnet sind, gehören nicht zur förmlichen Sprache.

```
                                          80 Green Road
                                          Moseley
                                          Birmingham
                                          B13 9PL


                                          29/4/95

The Personnel Manager
Cratex Ltd.
21 Fireside Road
Birmingham
B15 2RX


Dear Sir

I am writing in response to the advertisement your
company placed in the Times dated 28/4/95. Could you
please send me an application form and details about the
job. I have recently graduated from Southampton Univer-
sity in Mechanical Engineering. I look forward to hearing
from you soon.

Yours faithfully

James Laker

James Laker
```

Adresse, Datum. Die Adresse des Absenders kommt in die rechte obere Ecke. Man kann nach den einzelnen Zeilen ein Komma und einen Punkt nach der letzten Zeile machen, aber das ist nicht erforderlich. Der Name des Absenders wird nicht angegeben.

Das Datum steht unter der Absenderadresse, bei Briefpapier mit Kopf auch über der Adresse des Empfängers. Das Datum selbst kann man auf verschiedene Weise schreiben. Für den 29.4.1995 etwa *29.4.95; 29/4/95; 29 April 1995; April 29th, 1995.* Im amerikanischen Englisch wird der Monat vor dem Tag genannt, also *4/29/95.*

Die Adresse des Empfängers kommt auf die linke Seite, etwas unterhalb des Datums.

Anrede. Einen förmlichen Brief beginnt man mit *Dear* und der Anredeform plus Familiennamen, also etwa *Dear Mr Jenkins* oder *Dear Mrs Carstairs* oder *Dear Miss Stephenson*. Vergleiche hierzu auch den Abschnitt „Jemanden ANREDEN".
Wenn man an eine Frau schreibt und nicht weiß, ob diese verheiratet ist oder nicht, nimmt man die Anrede *Ms*, etwa *Dear Ms Winters*. Jüngere Frauen wollen oft lieber so angeredet werden, statt mit *Mrs*, vor allem, wenn sie verheiratet sind und ihren Geburtsnamen beibehalten haben. Andererseits ist es so, daß ältere Frauen die Anrede *Ms* nicht besonders mögen.

In weniger förmlichen Briefen kann man den Empfänger auch mit *Dear*, Vornamen und Familiennamen anreden, also etwa *Dear Fiona Smart*.
In sehr förmlichen Briefen, oder wenn man den Namen des Empfängers nicht kennt, nimmt man die Anrede *Dear Sir* oder *Dear Madam*. Wenn man nicht weiß, ob der Empfänger eine Frau oder ein Mann ist, hilft man sich mit *Dear Sir or Madam*.
Schreibt man an eine Firma verwendet man im britischen Englisch *Dear Sirs*, im amerikanischen Englisch *Gentlemen*.

Nach der Anrede setzt man im amerikanischen Englisch einen Doppelpunkt, also etwa *Dear Mr Jones:* – im britischen Englisch steht ein Komma oder gar kein Satzzeichen.

Brief beenden. Die Grußformel am Schluß richtet sich nach der Anrede am Anfang. Beginnt man oben mit Anrede und Familiennamen, also z.B. mit *Dear Mrs Carstairs*, hört man mit *Yours sincerely* auf. Wenn man weniger förmlich sein kann, läßt man das *sincerely* weg. Schreibt man oben *Dear Sir, Dear Madam* oder *Dear Sirs*, endet man mit *Yours faithfully*.
Im amerikanischen Englisch endet ein Brief mit *Sincerely yours* oder, etwas weniger förmlich, mit *Very truly yours*.
(Es hat also wenig Sinn, sich eine „genaue Übersetzung" der deutschen Formel *Mit freundlichen Grüßen* oder *Mit vorzüglicher Hochachtung* auszudenken.)
Die Unterschrift kommt unter die Schlußformel. Unter die Unterschrift kann man den Namen noch einmal in leserlicher Form setzen, getippt oder handschriftlich mit großen Buchstaben (bei Geschäftsbriefen auch mit der Dienst- oder Funktionsbezeichnung).

Privatbriefe. In Briefen an Bekannte, Freunde, Verwandte verwendet man keine förmliche Sprache, also keine solchen Wörter oder Wendungen, die im Wörterbuch mit „gehoben", „literarisch", „formal", „Verwaltungssprache" oder ähnlich gekennzeichnet sind.

Adresse und Datum. Für diese Angaben vergleiche das Beispiel unten. Die Adresse des Empfängers erscheint auf dem Brief nicht.

Anrede. Die übliche Anrede ist *Dear* und der Vorname, also etwa *Dear Louise*. Bei Verwandten kann man die Verwandtschaftsbezeichnung setzen, also etwa *Dear Mum* (oder *Dear Grandpa* oder *Dear Grandma*). Schreibt man an jemanden, den man sehr mag, kann man beginnen mit z.B. *My dearest Sara*. Oder mit *Darling Alison*.

Wie das Beispiel zeigt, rückt man in einem handschriftlichen Brief in der Zeile nach der Anrede ein, ebenso bei den ersten Zeilen der Abschnitte.

> 62 Pottery Road
> Birmingham
> B13 8AS
>
> 18/4/95
>
> Dear Mario,
> How are you? Thanks for the letter telling me that you'll be coming over to England this summer. It'll be good to see you again. You must come and stay with me in Birmingham.
>
> I'll be on holiday when you're here as the University will be closed, so we can have some days out together. Write or phone me to tell me when you want to come and stay.
>
> All the best,
>
> Dave

Brief beenden. Die Art des Grußes am Schluß hängt davon ab, ob ein Mann oder eine Frau schreibt. Frauen schreiben in Privatbriefen meist *Love*, Männer verwenden dies nur, wenn Sie an Verwandte oder eine Freundin schreiben. *Yours* oder *Best wishes* oder *All the best* ist typisch für Privatbriefe von Männern (oder für Briefe von Frauen, die zum Empfänger keine besonders gute Beziehung haben). *Lots of love* schreibt man und frau, wenn man die andere/den anderen gern hat. *Lots of love* „unter Männern" ist recht selten.

Gruß und Unterschrift werden ungefähr so eingerückt wie im Beispiel.

Adresse auf dem Umschlag. Das nächste Beispiel zeigt, wie Name und Adresse auf dem Umschlag geschrieben werden. (Manche setzen ein Komma an das Ende der Zeilen und einen Punkt nach der Grafschaft oder dem Land.)

Der Name besteht aus der Anrede, dem Anfangsbuchstaben des Vornamens (oder den Anfangsbuchstaben der Vornamen) und dem Familiennamen. Bei einem Brief an ein Ehepaar ist es üblich, nur den oder die Anfangsbuchstaben des Ehemanns zu setzen, also z.B. *Mr and Mrs G T Black.*

Bei einem Brief an eine verheiratete Frau war es üblich, den oder die Anfangsbuchstaben des Vornamens des Mannes zu setzen (also sozusagen „Frau Herbert Mayer"). Das wird heute aber nur noch bei sehr förmlichen Briefen gemacht, oder dann, wenn man weiß, daß die Betreffende in dieser Beziehung etwas altmodisch ist.

Den Vornamen kann man auch ausschreiben: *Miss Sarah Wilkins.* In Privatbriefen an Bekannte oder Freunde kann man auch einfach (z.B.) *Sarah Wilkins* oder *S Wilkins* schreiben.

> Miss S Wilkins
> 13 Magpie Close
> Guildford
> Surrey
> GL4 2PX

Der Brief im nächsten Beispiel ist an Mr. Martin gerichtet, der derzeit bei Mrs. Roberts wohnt. Das *c/o* steht für *„care of"* und entspricht dem deutschen „bei".

> Mr JL Martin
> c/o Mrs P Roberts
> 28 Fish Street
> Cambridge
> CB2 8AS

Bei einem Brief nach Großbritannien oder in die USA sollte in einer eigenen letzten Zeile der *post code* stehen (in den USA *zip code* genannt). Im obigen Beispiel ist das die Angabe CB2 8AS.

EINLADUNG und freundliche Aufforderung: *invitations*

Es gibt mehrere Möglichkeiten um auszudrücken, wie man jemanden irgendwohin oder zu etwas einlädt bzw. um mitzuteilen, daß man es gerne sieht, wenn andere etwas tun würden.

Höfliche Einladung. Die übliche Formulierung für eine höfliche Einladung oder die freundliche Aufforderung, etwas zu tun, ist die mit *Would you like to ...?*
Would you like to come up here on Sunday? Möchten Sie am Sonntag hier herauf (zu uns) kommen?
Well, would you like to comment on that, Tessa? Nun, möchtest du etwas dazu sagen, Tessa?
Would you like to look at it, Ian? Möchtest du dir das ansehen, Ian?

Man kann auch die Befehlsform zusammen mit *please* verwenden, vor allem, wenn man sozusagen Herr der Situation ist.
Please help yourselves to another drink. Bitte nehmt euch zu trinken.
Sit down, please. Bitte setzen Sie sich.

Zwanglose Einladung. In zwanglosen Situationen kann man auch ohne das *please* zu etwas einladen. Die Umstände müssen aber so sein, daß das nicht als eine Art Befehl mißverstanden werden kann.
Come and have a drink, Max. Komm, trink was, Max.
Look, come to a party at my home tonight. Paß auf, komm doch zu mir auf eine Party heute abend.
Sit down, sit down ... Setz dich, setz dich ruhig ....
Stay as long as you like. Bleib so lange du willst.

Man kann die Einladung dringender machen, indem man *do* vor die Befehlsform setzt. (Das *do* wird dann stärker betont gesprochen.)
Do sit down. (Aber) Setz dich doch/Setzen Sie sich doch.
What you said just now about Seaford sounds most intriguing. Do tell me more. Was Sie gerade von Seaford gesagt haben, klingt sehr vielversprechend. Erzählen Sie mir doch mehr davon.

Eine ähnliche Dringlichkeit hat *Wouldn't you like to ...?*
Wouldn't you like to come with me? Möchtest du nicht mit mir kommen?

Höflich und zugleich dringend ist *Won't you ...?*
Won't you take off your coat? Wollen Sie nicht ablegen?
Won't you sit down, Sir Clarence, and have a bite to eat? Wollen Sie nicht Platz nehmen, Sir Clarence, und etwas essen?

Wenn man den Einzuladenden gut kennt und es besonders dringend meint, kann man sagen *You must ....* Man bezieht sich damit aber nicht auf die unmittelbare Zukunft, sondern auf eine etwas spätere Zeit.

You must come and stay. Sie müssen uns besuchen.
You must come to Rome! Sie müssen nach Rom kommen!

Wenn man jemanden eher „so nebenbei" einlädt, etwas zu tun, sagt man *You can* ... oder *You could* ..., anschließend auch noch *if you like.*
Well, when I get my flat, you can come and stay with me. Nun, wenn ich meine Wohnung habe, kannst du ja bei mir wohnen.
You can tell me about your people, if you like. Du kannst mir ja von deiner Familie erzählen, wenn du willst.

Etwas freundlicher ist *You're welcome to* ....
You're welcome to live with us for as long as you like. Du kannst gern bei uns wohnen, so lange du willst.
The cottage is about fifty miles away. But you're very welcome to use it. Das Cottage ist etwa 80 km von hier. Aber ihr könnt gerne drin wohnen.

Unverbindlich wirkt die Formulierung mit *I was wondering if.*
I was wondering if you'd care to come over next weekend. Vielleicht kommen Sie zum nächsten Wochenende zu uns.
I was wondering if you're free for lunch. Vielleicht können Sie mit zum Essen kommen.

Indirekte Einladungen. Einladungen kann man auch indirekt aussprechen, z.B. mit *I hope you'll.* Diese Art der Einladung verwendet man vor allem dann, wenn man nicht sicher ist, ob der andere annimmt.
I hope you'll be able to stay the night. We'll gladly put you up. Hoffentlich können Sie über Nacht bleiben. Wir bringen Sie gerne unter.
I hope, Kathy, you'll come and see me again. Hoffentlich besuchst du mich mal wieder, Kathy.

Man kann auch mit *How would you like to....?* oder *Why don't you ...?* fragen.
How would you like to come and work for me? Wie wäre es, wenn Sie für mich arbeiten würden?
Why don't you come to the States with us in November? Komm doch mit uns im November mit in die Staaten.

Die Frage mit *Why don't you ...?* ist also nicht (!) eine Frage nach dem Grund, warum jemand etwas nicht tun will.

Die Konstruktion mit *How about* (mit folgender *-ing*-Form oder folgendem Substantiv ist ebenfalls möglich.

Now, how about coming to stay with me, at my house? Nun, wie wäre es, wenn Sie mich in meinem Haus besuchen?
How about a spot of lunch with me, Mrs Sharpe? Wie wär's mit etwas zu essen?

Wenn man erwartet, daß der andere die Einladung annimmt, kann man mit *You'll* beginnen und am Ende *won't you?* sagen.
You'll bring Angela up for the wedding, won't you?

Gelegentlich will man mitteilen, daß man dem anderen gerne einen Gefallen tut oder ihm eine Bitte erfüllt. Mit *Do not hesitate to* sagt man dies auf höfliche Weise.
Should you have any further problems, please do not hesitate to telephone. Sollten Sie noch weitere Probleme haben, können Sie mich ohne weiteres anrufen.
When you want more, don't hesitate to ask me. Wenn Sie mehr wollen, fragen Sie mich ruhig.

Auf eine Einladung reagieren. Einladungen bzw. freundliche Aufforderungen nimmt man mit *Thank you*, zwangloser mit *Thanks* an. Oder man sagt *Yes, I'd love to* oder *I'd like that very much.*
'How about a cup of tea?' – *'Thank you. I'd love one.*
'What'll you take, Castle? A whisky?' – *'A small one, thank you.'*
'Won't you join me and the girls for lunch, Mr Jordache?' – *'Thanks, Larsen. I'd like that very much.'* „Wollen Sie nicht zusammen mit mir und den Mädchen essen, Mr. Jordache?" – „Danke, Larsen, sehr gerne."

Eine Einladung zu einem Besuch oder einer gemeinsamen Unternehmung lehnt man ab mit z.B. *I'm sorry, I can't* oder *I'm afraid I'm busy then* oder *I'd like to but ....*
'I'm phoning in the hope of persuading you to spend the day with me.' – *'Oh, I'm sorry, I can't.'*
'I would like it very much if you could come on Sunday.' – *'I'm afraid I'm busy.'*
'Why don't you come? We're having a party.' – *'It sounds like fun. But I'm afraid I'm tied up at the moment.'* ... Aber ich bin leider im Moment beschäftigt.

Ablehnen kann man auch mit *No, thanks* oder *Thanks, but ...* oder, bei entsprechender Gelegenheit, *I'm all right, thanks.*
'Come home with me.' – *'No thanks. I don't want to intrude on your family.'* „Kommen Sie doch zu mir nach Hause." – „Nein, danke. Ich möchte Ihrer Familie nicht zur Last fallen."
'Won't you take off your coat?' – *'Thanks, but I can't stop.'* „Wollen Sie nicht ablegen?" – „Danke, aber ich muß weiter."

'Eat with us.' – 'Thanks, but I've eaten.' „Essen Sie doch mit uns." – „Vielen Dank, aber ich habe schon gegessen."
'Would you like to lie down?' – 'No, I'm all right.' „Möchtest du dich hinlegen?" – „Nein, es geht schon."

Sich ENTSCHULDIGEN: *apologizing*

Üblicherweise entschuldigt man sich mit *Sorry* oder *I'm sorry*. Das letztere kann man mit *very, so, terribly* oder *extremely* verstärken.
Sorry I'm late. Es tut mir leid, ich habe mich verspätet.
I'm sorry about this morning. Es tut mir leid wegen heute morgen.
I'm sorry if I've distressed you by asking all this. Tut mir leid, wenn ich Sie mit diesen Fragen beunruhigt habe.
I'm sorry but I've just remembered another appointment. Es tut mir leid, aber mir fällt gerade ein, daß ich noch einen anderen Termin habe.
I'm so sorry to keep on coughing. Tut mir sehr leid, wenn ich dauernd husten muß.
I'm terribly sorry – we shouldn't have left. Tut mir wahnsinnig leid – wir hätten nicht gehen sollen.

Das Verstärken von *I'm sorry* durch *awfully* klingt ein wenig formell und altmodisch.
I'm awfully sorry to give you this trouble at a time like this.

Wenn man versehentlich etwas tut – jemanden im Bus stößt oder jemandem auf den Fuß tritt – gebrauchen manche auch *I beg your pardon* oder *I do beg your pardon*. Aber das ist auch etwas altmodisch.
As she backed away from the door, she bumped into someone behind her. 'I beg your pardon,' she said.

Im amerikanischen Englisch sagt man bei solchen Gelegenheiten *Excuse me*.

Stören, vorbeigehen, fragen. Mit *Excuse me* entschuldigt man sich höflich, wenn man andere bei etwas stört, sie beim Reden unterbricht oder an ihnen vorbeigehen will, wenn es eng ist.
Excuse me for disturbing you at home. Entschuldigen Sie, wenn ich Sie zu Hause störe.
Excuse me butting in. Entschuldigen Sie, wenn ich so hereinplatze.

58

Excuse me, but is there a fairly cheap restaurant near here? Entschuldigen Sie, gibt es hier in der Nähe ein relativ billiges Restaurant?

Excuse me, do you mind if I move your bag slightly? Entschuldigen Sie, würde es Ihnen etwas ausmachen, wenn ich Ihre Tasche etwas verrücke?

Pardon me wird für diesen Zweck von Amerikanern verwendet.

Pardon me, I wonder if you'd do me a favour? Entschuldigen Sie, könnten Sie mir einen Gefallen tun?

Bei Störungen bzw. Unterbrechungen kann man sich auch mit *I'm sorry to disturb* oder *I'm sorry to interrupt* entschuldigen.

I'm sorry to disturb you again but we need some more details on this fellow Wilt. Ich muß Sie leider noch einmal stören, aber wir brauchen noch einige Details über diesen Wilt.

Sorry to interrupt, but I've some forms to fill in.

Excuse me verwendet man auch, wenn man kurz weggehen muß, um etwas zu erledigen.

Excuse me. I have to make a telephone call.

Will you excuse me a second?

Peinlichkeiten. Für etwas, das einem peinlich ist (wenn etwa der Magen laut knurrt, wenn man einen Schluckauf hat oder wenn man niest) oder das unhöflich war, entschuldigt man sich mit *Excuse me* oder mit *I beg your pardon.*

Fehler. Wenn man etwas Falsches gesagt oder ein falsches Wort gebraucht hat, verwendet man *sorry* oder *I beg your pardon.*

It is treated in a sentence as a noun – I beg your pardon – as an adjective.

It's in the southeast, sorry, southwest corner of the USA. Es liegt im Südosten, Verzeihung, Südwesten der Vereinigten Staaten.

Formelle Entschuldigung. Eine formelle Entschuldigung signalisiert man mit *I apologize.*

I apologize for my late arrival. Ich muß mich für meine Verspätung entschuldigen.

How silly of me. I do apologize. Wie dumm von mir. Entschuldige bitte.

I really must apologize for bothering you with this. Ich muß mich wirklich entschuldigen, daß ich Sie damit belästige.

59

Geschrieben findet man als Entschuldigung auch *Please accept my apologies.*
Please accept my apologies for this unfortunate incident. Bitte entschuldigen Sie diesen unglücklichen Zwischenfall.

Manche Leute sagen auch *Forgive me.*
Forgive me, Mr Turner. I am a little disorganized this morning. Bitte um Entschuldigung. Bei mir geht heute morgen alles ein wenig durcheinander.

Mit diesem *forgive me* oder mit *forgive my ignorance* kann man auch etwas höflicher formulieren, daß man nun konkret über etwas reden will. Man entschuldigt sich vorsorglich dafür, daß man möglicherweise etwas Dummes sagt oder fragt.
Look, forgive me, but I thought we were going to talk about my book. Also entschuldige bitte, aber ich dachte, wir wollten über mein Buch reden.
Forgive my ignorance, but who is Jane Fonda? Entschuldige bitte, aber wer ist Jane Fonda?

Offizielle Entschuldigung. In offiziellen Entschuldigungen wird oft das Wort *regret* ('bedauern') gebraucht.
London Transport regrets any inconvenience caused by these repairs. Die Londoner Verkehrsbetriebe bedauern es, wenn es während der Reparaturarbeiten zu Unannehmlichkeiten kommt.
The notice said: 'Dr. Beamish has a cold and regrets he cannot meet his classes today.'
... „Dr. Beamish ist erkrankt und bedauert, heute seinen Unterricht ausfallen lassen zu müssen."

Eine Entschuldigung annehmen. Einige Wendungen hierfür:
'I'm sorry,' – 'It's perfectly all right.' ... „Das ist schon in Ordnung."
'I'm sorry about this, sir.' – 'That's all right. Don't let it happen again.' ... „Ist gut. Paß auf, daß es nicht wieder vorkommt."
'I apologize for my outburst just now.' – 'Forget it.' ... „Schon gut."
She spilt his drink and said 'I'm sorry.' – 'Don't worry about it,' he said, 'no harm done.' ... „Macht nichts", sagte er, „nichts passiert."
'I'm sorry to ring at this late hour.' – 'I'm still up. It doesn't matter.' ... „Ich bin noch auf. Kein Problem."

Hinweis. Einige der Wörter und Wendungen, mit denen man sich entschuldigt, gebraucht man auch, wenn man jemanden bittet, etwas noch einmal zu sagen. Siehe den Abschnitt „Um WIEDERHOLUNG bitten".

ERLAUBNIS: *permission*

Um Erlaubnis bitten. Wenn man darum bittet, etwas tun zu dürfen, fragt man mit *Can I ...?* oder *Could I ...?* Man verwendet *we*, wenn man für eine Gruppe um Erlaubnis bittet.

Can I light the fire? I'm cold.
Can I have a look at the piece of paper then?
Could we put this fire on?
Could I stay at your place for a bit, Rob?

Früher wurde gelehrt, daß man „korrekt" mit *may* oder *might* (statt mit *can* oder *could*) um Erlaubnis bittet. Im heutigen Englisch werden aber allgemein *can* bzw. *could* verwendet. Die Frage mit *may* ist sehr höflich und formell, die mit *might* ist noch formeller.
May I look round now? Darf ich mich jetzt umsehen?
May I borrow that new lipstick you bought, Stephanie?
Might we leave our bags here for a moment?

Wenn man die Bitte um Erlaubnis höflich machen will, fügt man *please* hinzu.
David, can I look at your notes please?
Good afternoon. Could I speak to Mr Duff, please.

Sehr höflich klingt es auch, wenn man *perhaps* oder *possibly* nach *Could I* oder *May I* setzt.
Could I perhaps bring a friend with me?
May I possibly have a word with you? Könnte ich vielleicht mit Ihnen sprechen?

Nachdrücklicher fragt man mit *can't* oder *couldn't*, besonders wenn man glaubt, daß der andere vielleicht die Erlaubnis verweigern könnte.
Can't I come?
Couldn't we stay here? Können wir denn nicht hier bleiben?

Um Erlaubnis kann man auch mit *Let me ...* fragen. Hier muß man aber vorsichtig sein: ein *let me*, das deutlich und betont gesprochen wird, klingt wie ein Befehl.
Oh, let me come with you.
Please let me do it, Cyril!

Und außerdem wird *let me* auch verwendet, um jemandem etwas anzubieten, siehe den Abschnitt „Jemandem etwas ANBIETEN".

Indirekt um Erlaubnis fragen. Man kann auch fragen, „ob es in Ordnung ist", wenn man etwas tut. Dies geht mit *Would it be all right if I ...?* oder, zwangloser, mit *Is it okay if I ...?*
Would it be all right if I used your phone?
Is it all right if I go to the bathroom?
Is it okay if I go home now?

Unter guten Bekannten, und wenn man glaubt, daß man sicher das tun darf, wonach man fragt, genügt *Okay if ...?*
Okay if I smoke?

Die Frage mit *Would it be all right to ...?* (mit folgendem Verb) wirkt sehr indirekt.
Would it be all right to take this?

Etwas höflicher ist es, wenn man mit *Do you mind if I ...?* oder *Would you mind if I ...?* fragt.
Do you mind if we speak a bit of German? Macht es Ihnen etwas aus, wenn ....
Would you mind if I just ask you some routine questions? Würde es Ihnen etwas aus-machen, wenn ich einige Routinefragen stelle?

Auch diese Fragen können in zwanglosen Situationen verkürzt werden.
Mind if I bring my bike in? In Ordnung, wenn .../Macht's was, wenn ....

Indirekt bittet man auch um Erlaubnis, wenn man sagt, daß man gerade daran denkt, ob man wohl etwas tun dürfte.
I was wondering if I could go home now. Ich dachte, ich könnte ....
I wonder if I could have a few words with you.

In manchen (formellen) Situationen ist man der Ansicht, daß man eigentlich nicht um Erlaubnis bitten muß. Man tut es aber trotzdem, um höflich zu sein.
I'll take a seat if I may. Ich setze mich. Darf ich?/Gestattet?

Erlaubnis geben. In der zwanglosen Alltagssprache gibt man – auf eine entsprechende Frage – Erlaubnis mit *OK* oder *All right.* Die Antwort *Sure* entspricht in etwa „Freilich", *sure* wird vor allem im amerikanischen Englisch gebraucht.
'Could I have a word with him?' – 'OK.' „Könnte ich mit ihm sprechen?" – „Ja."
'Can I go with you?' – 'Sure.' „Kann ich mit dir gehen?" – „Ja, sicher."

Die Reaktionen mit *Of course* oder *Yes, do* oder *By all means* sind betonter und formel-ler.

62

'Could I make a telephone call?' – *'Of course'* ... „Natürlich/Selbstverständlich."
'Do you mind if I look in your cupboard? There are some hot water bottles somewhere.'
– *'Yes, do.'* ... „Ja, tu das."
'May I come too?' – *'By all means'* ... „Aber selbstverständlich."

I don't see why not sagt man, wenn man sich nicht so sicher ist oder wenn man nicht
gerade begeistert ist.
'Can I take it with me this afternoon?' – *'I don't see why not.'* ... „Meinetwegen."

Erlaubnis gewährt man einem anderen (wenn vorher nicht gefragt wurde) mit *You
can ...,* formeller mit *You may ....*
You can go off duty now. Sie können Ihren Dienst jetzt beenden.
You may use my wardrobe.

Erlaubnis verweigern. Eine Bitte um Erlaubnis wird abgelehnt mit *Sorry* oder *I'm
sorry* oder *I'm afraid not* plus einer Begründung.
'I was wondering if I could borrow a book for the evening.' – *'Sorry, I haven't got any
with me.'* ... „Das geht leider nicht, ich habe keins bei mir."
'Could I see him – just for a few minutes?' – *'No, I'm sorry, you can't. He's very ill.'*
... „Nein, das geht leider nicht, er ist sehr krank."
'I wonder if I might see him.' – *'I'm afraid not, sir. Mr Wilt is still helping us with our
enquiries.'* ... „Leider nicht. Mr. Wilt wird uns für weitere Ermittlungen zur Verfügung
stehen müssen."

Wenn man den anderen gut kennt, kann man auch einfach *No* oder *No, you can't* sagen,
aber das ist unhöflich. Es gibt natürlich auch ziemlich ruppige Absagen wie *No way*
oder *No chance* ‚ausgeschlossen', ‚kommt nicht in Frage'.

Nicht immer kann man den anderen von etwas abhalten:
'May I go on?' – *'I'd rather you didn't.'* ... „Mir wäre es lieber, du tätest das nicht."

Von vornherein kann man die Erlaubnis versagen mit *You can't ...* oder *You mustn't ....*
You can't go.
You mustn't open it until you have it in the right place.

Umgangssprachlich und betont ist das Nicht-Erlauben mit *You're not* und einer folgen-
den *-ing*-Form.
You're not putting that thing on my boat. Das Ding nimmst du nicht mit in mein Boot/
Das Ding kommt mir nicht in mein Boot.

GELD: *money*

Die britische Währung besteht aus *pounds* und *pence*. Ein Pfund hat 100 *pence*.
Werden Geldsummen mit Ziffern angegeben, steht das Symbol £ davor. *Two hundred pounds* wird £200 geschrieben.
Million wird manchmal als *m* abgekürzt und *billion* (= Milliarde) als *bn*. Bei Gehältern findet sich auch die Abkürzung *k* oder *K* nach der Ziffer, das bedeutet *thousand*.
About £20m was invested in the effort. Ungefähr 20 Mio Pfund wurden in das Projekt investiert.
... revenues of £6bn. ... Einnahmen in Höhe von sechs Milliarden Pfund.
... Market Manager, £30K + bonus + car. ... £ 30 000 plus Zulagen und Fahrzeug.

Geldsummen, die nur aus *pence* bestehen, werden mit Ziffer und *p* angegeben. *fifty pence* sind *50p*. Das *p* wird /piː/ gesprochen.
Eine Summe aus *pounds* und *pence* wird geschrieben mit dem Pfundzeichen, der Ziffer für die Pfunde, einem Punkt und der Ziffer für die *pence*. Kurz, *two pounds fifty pence* ist *£2.50*.
Wenn man es spricht, reicht aber *two pounds fifty*.

Hinweis. Einige Leute sagen *pound* statt *pounds*, also z.B. *I get ten pound a week*. Die meisten halten dies aber nicht für guten Sprachgebrauch.

Wenn klar ist, was gemeint ist, werden die Wörter *pounds* und *pence* oft weggelassen.

At the moment they're paying 75p for their meal, and it costs us <u>ninety-eight</u>.
'I've come to pay an account,' – 'All right then, fine, that's <u>four seventy-eight sixty</u> then, please.' (= £ 478.60)

Ein Wort der Alltagssprache für *pound* oder *pounds* ist *quid*.
'How much did you have to pay?' – 'Eight <u>quid</u>.'

Preise nennen und danach fragen. Wenn man Preise nennt oder danach fragt, nimmt man eine Form von *be*. Die Frage beginnt mit *How much*.
How much <u>is</u> that? Wieviel/Was kostet das?
How much <u>is</u> it to park? Was kostet das Parken?
The cheapest <u>is</u> about eight pounds. Das billigste kostet ungefähr acht Pfund.

Das Verb *cost* klingt etwas förmlicher.
How much will it <u>cost</u>?
They <u>cost</u> several hundred pounds.

cost kann man so konstruieren, daß der Käufer erwähnt wird:
It would cost me around six hundred. Es würde mich ungefähr 600 kosten.

Scheine und Münzen. *notes* sind die Geldscheine (oder Noten). Derzeit gibt es Pfund-noten zu 5, 10, 20 und 50 Pfund.
You didn't have a five-pound note, did you?
Several paid on the spot in notes. Einige zahlten sofort in Scheinen.

Es ist zu beachten, daß es *a five-pound note* heißt (und nicht „*pounds*").

coins sind Münzen. Münzen gibt es im Wert von 1, 2, 5, 10, 20, 50 *pence* und im Wert von einem Pfund.
You should make sure that you have a ready supply of coins for telephoning. Achten Sie darauf, daß Sie genügend Münzen/Kleingeld zum Telefonieren haben.

Eine einzelne Münze mit einem bestimmten Wert bezeichnet man so:
That fifty pence piece has been there all day.
The machine wouldn't take 10p pieces.

Das Kleingeld nennt man auch *change.*
He rattled the loose change in his pocket. Er klimperte mit dem losen Kleingeld in der Tasche.

Zahlungen pro Zeitabschnitt. Das deutsche „pro" ist *per;* „die Woche", „den Monat" ist *a week; a month.* Das *per* ist förmlicher.
He gets £35 a week. Er kriegt 35 Pfund die Woche.
Farmers spend more than half a billion pounds per year on pesticides. Die Bauern ge-ben mehr als eine halbe Milliarde Pfund pro Jahr für Pestizide aus.

Statt *per year* wird auch *per annum* gebraucht.
... staff earning less than £7,500 per annum. ... Angestellte mit weniger als 7500 Pfund Jahreseinkommen.

Mengenangabe durch Kosten. „im Wert von" ist *worth of.*
You've got to buy thousands of pounds worth of stamps before you get a decent one.
Man muß Briefmarken im Wert von Tausenden von Pfund kaufen, bevor man eine vernünftige bekommt.
He owns some 20 million pounds worth of property in Mayfair. Er hat Grundbesitz im Wert von ca. 20 Mio Pfund in Mayfair.

US-Währung. Die US-amerikanische Währung besteht aus *dollars* und *cents*. Ein *dollar* hat hundert *cents*.

Geldscheine werden als *bills* bezeichnet. *Bills* gibt es im Wert von 1, 2, 5, 10, 20, 50 und 100 Dollar.

Ellen put a five-dollar bill and three ones on the counter. (also insgesamt acht).

Münzen gibt es zu 1, 5, 10, 25 Cent. Diese Münzen haben eigene Bezeichnungen. *penny* = 1c, *nickel* = 5c, *dime* = 10c, *quarter* = 25c.

I had just that – a dollar bill, a quarter, two dimes and a nickel, and three pennies. (Zusammen 1 Dollar und 53 Cent.)

Für *dollar* gibt es eine recht umgangssprachliche Bezeichnung, *buck.* *I got 500 bucks for it.*

Summen in US-amerikanischer Währung schreibt man mit dem Dollarzeichen $, gegebenenfalls mit *c* für die *cents*. Eine Summe von zweihundert Dollar wird als *$200* geschrieben, *fifty cents* als *50c*, und *Two dollars fifty cents* als *$2.50*. Das Wort *cents* wird ganz ausgesprochen (anders als bei den *p* der britischen Währung).

Andere Währungen. Manche Länder haben gleiche Währungsbezeichnungen. Wenn nötig, setzt man eine Nationalitätsbezeichnung davor.
... a contract worth 200 million Canadian dollars. ... Ein Auftrag im Wert von 200 Mio kanadischer Dollars.
It cost me about thirteen hundred Swiss francs.

Die „Wechselrate" ist *the exchange rate*. Die Wechselrate wird bestimmt dadurch, wie viele Einheiten der einen Währung auf (*to*) eine Einheit der anderen Währung kommen.
The rate of exchange while I was there was 11.20 francs to the pound.

KOMPLIMENTE, LOB und GLÜCK-WÜNSCHE: *complimenting and congratulating someone*

Kleidung und Aussehen. Leuten, die man gut kennt, kann man Komplimente zu ihrer Kleidung oder ihrem Aussehen machen.

That's a nice dress.
That's a smart jacket you're wearing.
What a pretty dress.
I like your haircut.
I love your shoes. Are they new?

Oder man sagt *You look nice*, auch *You're looking very smart today.* Mit Eigenschafts-
wörtern wie *great* oder *terrific* trägt man ein bißchen kräftiger auf.
You're looking very glamorous. Du schaust bezaubernd aus.
You look terrific. Du schaust toll aus.

Wenn jemandem eine Kleidung gut steht, kann man das Kompliment auch formulieren
als
I love you in that dress, it really suits you. ... steht dir gut.

In Großbritannien ist es unter Männern (vor allem unter älteren) nicht üblich,
gegenseitig Kleidung und Aussehen zu kommentieren.

Mahlzeiten. Komplimente an die Kochkünste macht man z.B. mit *This is delicious*
während des Essens und mit *That was delicious* nach dem Essen.
This is delicious, Ginny.
He took a bite of meat, chewed it, savoured it, and said, 'Fantastic!'
Mm, that was lovely.

Lösung von Aufgaben und Problemen. Für eine gelöste Aufgabe kann man den ande-
ren mit einem Ausruf loben.
What a marvellous memory you've got! Was für ein fantastisches Gedächtnis du hast!
Oh, that's true. Yes what a good answer! ... Eine gute Antwort!
'Look – there's a boat.' – *'Oh yes – well spotted!'* ... Gut gesehen! (als Antwort zu ei-
nem Kind)

Ein Lehrer könnte die richtige Antwort eines Schülers mit *good* loben.
'What sort of soil do they prefer?' – *'Acid soil.'* – *'Good.'* „Welchen Boden mögen
sie?" – „Sauren Boden." – „Gut."

Wenn jemand etwas erreicht, geleistet hat, kann man das mit dem Wort *congratulations*
anerkennen.
Well, congratulations, Ginny. You've done it. Meinen Glückwunsch, Ginny. Du hast es
geschafft.

67

Congratulations to all three winners. Glückwunsch an die drei Gewinner.

Man sagt *congratulations* auch, wenn anderen etwas Angenehmes, Erfreuliches widerfährt.

'I'm being discharged tomorrow.' – 'That is good news. Congratulations.' „Ich werde morgen (aus dem Krankenhaus) entlassen." – „Das ist eine erfreuliche Nachricht. Meinen Glückwunsch."

'Congratulations,' the doctor said. 'You have a son.' „Meinen Glückwunsch", sagte der Arzt. „Sie haben einen Sohn."

Im Abschnitt „REAKTIONEN (Überraschung, Freude, Erleichterung, Mitgefühl)" sind noch weitere Möglichkeiten genannt, wie man auf angenehme Nachrichten reagiert.

Formellere Glückwünsche können so aussehen:
I must congratulate you on your new job.
Let me offer you my congratulations on your success.
Let me be the first to congratulate you on a wise decision, Mr Dorf.
May I congratulate you again on your excellent performance.
I'd like to congratulate you on a great programme. We listen to it regularly and thoroughly enjoy it.
Very good. I congratulate you. A beautiful piece of work.

Bekannte oder Freunde kann man mit *Well done* beglückwünschen oder loben.
Sally came over to me and said 'Well done, you've broken the Olympic record'.

Auf Komplimente und Glückwünsche reagieren. Hierfür gibt es mehrere Ausdrücke.
Oh, thanks!
It's very nice of you to say so.
I'm glad you think so.

Auf ein Kompliment in bezug auf Kleidung oder Schmuck kann man auch mit z.B. *It is nice, isn't it?* reagieren.
'I do like your dress.' – 'Yes, it is nice, isn't it?'

Oder man sagt, wie alt es ist, woher es stammt.
'That's a nice blouse.' – 'Have you not seen this before? I've had it for years.' „Hübsche Bluse." – „Kennst du sie nicht? Hab ich schon seit Jahren."

'That's a nice piece of jewellery.' – 'Yeah, my ex-husband bought it for me.' „Schöner Schmuck." – „Ja, hat mir mein früherer Mann gekauft."

Wird man für etwas gelobt, das man gut getan hat, kann man sich bescheiden geben und sagen, daß es so schwierig nicht war.
Oh, there's nothing to it. Ach, das war doch nichts Besonderes.
'Terrific job.' – 'Well, I don't know about that.' „Tolle Leistung." – „Naja, weiß nicht so recht."

Auf einen Glückwunsch reagiert man normalerweise mit *Thanks* oder mit *Thank you.*
'I hear your voice is back as good as ever and you've got all your old fans back. Congratulations.' – 'Thanks.' „Ich habe gehört, daß Ihre Stimme jetzt wieder so gut wie früher ist und daß die alten Fans Sie wieder alle unterstützen. Meinen Glückwunsch." – „Danke sehr".

Wie man an besonderen Tagen (Geburtstag, Weihnachten) Glückwünsche formuliert, ist im Abschnitt „BEGRÜSSEN und VERABSCHIEDEN" dargestellt.

Jemanden KRITISIEREN: *criticizing someone*

Üblicherweise kritisiert oder tadelt man nur Leute, die man gut kennt. Kritisieren kann man mit *That's not very good* oder mit *I think that's not quite right.*
What answer have you got? Oh dear. Thirty-three. That's not very good. I think your answer's wrong.

Ein Lehrer könnte zu einem Schüler sagen *You can do better than this.* „Das kannst du doch besser".

Stärkere Kritik. Stärkere Kritik kann man mit Fragen formulieren, die mit *Why did you* oder *Why didn't you* beginnen.
Diese Fragen können je nach Betonung ausdrücken, daß man sich ärgert oder bestürzt (‚warum nur ...?') oder auch nur genervt ist.
Why did you send him? Why Ben? Warum hast du ihn geschickt? Warum Ben?
Why did you lie to me? Warum hast du mich angelogen?
Why did you do it?
Why didn't you tell me? Warum hast du es mir nicht gesagt?

Direkter ist *You should have* („Du hättest ... sollen') oder *You shouldn't have* („Du hättest nicht ... sollen').

You shouldn't have given him money. Du hättest ihm kein Geld geben sollen.
You should have asked me. Du hättest mich fragen sollen.

Um zu kritisieren, daß der andere ziemlich gedankenlos war, sagen manche *How could you?* („Wie konntest du nur?')

How could you? You knew I didn't want anyone to know! Wie konntest du nur? Du hast doch gewußt, daß ich nicht wollte, daß es jemand erfährt!
How could you be so stupid? Wie konntest du nur so dumm sein!

Heftige Kritik. Kritik kann man natürlich auch auf noch schärfere oder unhöfliche Weise üben. Wenn man einen der folgenden Ausdrücke verwendet, riskiert man, daß man die anderen beleidigt.

That's no good. Das ist schlecht.
That won't do. So geht das nicht!
This is wrong. These are all wrong. Das ist falsch. Das ist alles falsch.
You're hopeless. An dir ist Hopfen und Malz verloren/Du bist ein hoffnungsloser Fall.

MAHLZEITEN: *meals*

Bei den Wörtern für die Mahlzeiten ist der Sprachgebrauch im Englischen nicht einheitlich: je nach Gegend oder sozialer Schicht werden die einzelnen Wörter unterschiedlich verwendet.

Breakfast. Mit *breakfast* /br<u>e</u>kfəst/ wird das Frühstück bezeichnet.

Dinner. In Großbritannien ist das *dinner* die Hauptmahlzeit, gleichgültig, ob man diese Mahlzeit am Abend oder mittags hat. Manche jedoch bezeichnen die Hauptmahlzeit, wenn sie am Abend ist, als *tea* (!) oder als *supper*. (In den Beispielsätzen dieses Abschnittes wird *dinner* der Einfachheit halber mit „Essen" übersetzt – „Abendessen" oder „Mittagessen", je nachdem, wäre auch richtig.)

Lunch. Mit *lunch* wird eine – meist leichte – Mittagsmahlzeit bezeichnet (und zwar von denen, die abends ihre Hauptmahlzeit haben und diese *dinner* nennen).

Luncheon. Das Wort *luncheon* /lʌntʃən/ ist ein formelleres und ziemlich altmodisches Wort für *lunch.*

Tea. Mit *tea* werden verschiedene Mahlzeiten bezeichnet. Zum einen verwendet man *tea* für eine leichte Mahlzeit am Nachmittag, bestehend aus Sandwiches und Kuchen und Tee. Das ist der Sprachgebrauch der *middle class* in Großbritannien. In Hotels und Restaurants heißt das auch *afternoon tea* /ɑːftənuːn tiː/.
Zum anderen kann man sich mit *tea* auf die eine Hauptmahlzeit am frühen Abend beziehen. Diese Verwendung von *tea* findet man oft bei der *working class* in Großbritannien, aber auch in Australien und Neuseeland.

Supper. Für manche ist *supper* eine größere Mahlzeit am frühen Abend. Andere meinen damit einen kleinen Imbiß, bevor man zu Bett geht.

Formellere Bezeichnungen. Mit *midday meal* bzw. *evening meal* ist ‚Mittagsmahlzeit' bzw. ‚Abendmahlzeit' gemeint. Das sind aber dann Mahlzeiten, die man außer Haus ißt, also in einem Hotel, einem Restaurant oder ähnlichen Einrichtungen.

At **und** *over.* Will man sagen, daß etwas bei einer Mahlzeit geschieht, verwendet man *at.*
He had told her at lunch that he wouldn't take her to the game tomorrow. … Er sagte ihr beim Essen …
Mrs Zapp was seated next to me at dinner. … beim Essen.

Wenn etwas, das länger dauert während einer Mahlzeit geschieht, sagt man *over.*
It's often easier to discuss ideas over lunch.
He said he wanted to reread it over lunch.

For **und** *to.* Spricht man darüber, was es zum Essen gibt, sagt man *for.*
They had hard-boiled eggs for breakfast. ... harte Eier zum Frühstück.
What's for dinner? Was gibt's zu essen?

Lädt man jemanden zum Essen ein, kann man *for* oder *to* sagen.
Why don't you join me and the girls for lunch, Mr Jordache? Wollen Sie nicht zusammen mit mir und den Mädchen essen, Mr. Jordache?
Stanley Openshaw invited him to lunch once.

Have. *Have* ist das Wort für „(eine Mahlzeit) einnehmen, essen".

When we've had breakfast, you can phone for a taxi. Wenn wir gefrühstückt haben, kannst du ein Taxi bestellen.

That Tuesday, Lo had her dinner in her room. An jenem Dienstag aß Lo in ihrem Zimmer.

(Es heißt nicht *someone has a breakfast* oder *has the breakfast.*)

Make. *Make* ist das Wort für „(eine Mahlzeit) zubereiten".

I'll go and make dinner. Ich gehe jetzt und mache das Essen.

He makes the breakfast every morning. Er macht jeden Morgen das Frühstück.

She had been making her lunch when he arrived. Sie machte gerade das Mittagessen, als er kam.

Man sagt *make breakfast, make the breakfast, make their breakfast*, je nachdem – aber nicht *make a breakfast.*

a und die Mahlzeiten. Die Wörter für die Mahlzeiten werden üblicherweise nicht zusammen mit dem unbestimmten Artikel *a* gebraucht. Es heißt also *I had lunch with Deborah* oder *I had dinner early.*

Das *a* nimmt man nur, wenn die Mahlzeit genauer beschrieben wird, wie sie abläuft oder woraus sie besteht.

They had a quiet dinner together.

He was a big man and needed a big breakfast.

Essenszeiten. Wörter, die den deutschen Wörtern „Abendessenszeit, Mittagessenszeit" usw. entsprechen, werden im Englischen mit *time* gebildet.

I shall be back by dinner-time.

It was almost lunch time.

Vor *time* kann also ein Bindestrich stehen, muß aber nicht. Und die Formen *dinnertime, lunchtime, suppertime, teatime* gibt es auch. „Frühstückszeit" aber ist nur *breakfast time.*

Bezeichnungen für MÄNNER und FRAUEN: *male and female*

Pronomen. Wenn man sich auf eine männliche Person bezieht, sind die entsprechenden Pronomen *he, him, his, himself.* Bezieht man sich auf eine weibliche Person, stehen *she, her* oder *herself.*
She sat twisting her hands together.
When he had finished he washed his hands and face.
She managed to free herself.

Ist von mehreren Personen die Rede, werden als Pronomen *they, their* und *themselves* verwendet. Dabei spielt es keine Rolle, ob es sich um Männer, Frauen, oder Frauen und Männer handelt.
Boys are taught that they mustn't show their feelings. Den Jungen bringt man bei, daß sie ihre Gefühle nicht zeigen dürfen.
People were looking to me as though they thought I might know the secret. Die Leute sahen mich an, als ob sie dachten, ich wüßte das Geheimnis vielleicht.
They had been married for forty-seven years.

she und her für Gegenstände. Für Autos, Schiffe und Länder (Staaten) werden auch *she* und *her* verwendet.
Mr Gerasimov has a high regard for Britain and her role in Europe.
When the repairs had been done she was a fine and beautiful ship.

Angabe des Geschlechts. Wenn man ein Substantiv zur Bezeichnung einer Person verwendet und das Geschlecht der Person nennen will, kann man die Wörter *woman* oder *female* (für ‚weiblich') oder *male* (‚männlich') davorsetzen. Das Wort *man* wird für ‚männlich' nicht gebraucht.
We went to the home of a woman factory worker named Liang. ... zu dem Haus einer Fabrikarbeiterin ....
A female employee was dismissed because her husband was working for a rival firm. Eine Angestellte wurde entlassen, weil ihr Mann für eine Konkurrenzfirma arbeitete.
He asked some other male relatives for help. ... Männer aus der Verwandtschaft ...

Vor Substantiven in der Mehrzahl steht *women* (nicht *woman*).
I did a survey on women lawyers. Ich machte eine Untersuchung über Rechtsanwältinnen.

Wörter für Männer und Frauen. Es gibt einige Wörter, mit denen man entweder nur Männer oder nur Frauen bezeichnen kann.

He announced that he was a policeman. ... daß er Polizist sei.
The bride was very young. Die Braut war sehr jung.

Zu den Wörtern, die sich nur auf Frauen beziehen, gehören solche, die auf *-ess* enden (wie *actress* ‚Schauspielerin‘), und solche, die auf *-woman* enden (wie *policewoman* ‚Polizistin‘).

She told me she intended to be an actress.
... Margaret Downes, who is this year's chairwoman of the examination committee.
..., die dieses Jahr Vorsitzende des Prüfungsausschusses ist.

Im heutigen Englisch werden Wörter auf *-ess* jedoch nicht mehr so häufig gebraucht wie früher: eine Frau, die Bücher schreibt, ist *an author* (nicht *an authoress*). D.h., es gibt im Englischen Wörter – wie eben *author, doctor* oder *teacher* –, die geschlechtsneutral sind, anders als im Deutschen. Vgl. „Autor – Autorin, Arzt – Ärztin, Lehrer – Lehrerin.“

Männliche Verwandte. Hierzu die folgende Liste:

brother Bruder	*husband* (Ehe-)Mann
brother-in-law Schwager	*nephew* Neffe
father Vater	*son* Sohn
father-in-law Schwiegervater	*son-in-law* Schwiegersohn
godfather Pate	*stepbrother* Stiefbruder
godson Patensohn	*stepfather* Stiefvater
grandfather Großvater	*stepson* Stiefsohn
grandson Enkel(-sohn)	*uncle* Onkel

Weibliche Verwandte. Hierzu die folgende Liste:

aunt Tante	*mother-in-law* Schwiegermutter
daughter Tochter	*niece* Nichte
daughter-in-law Schwiegertochter	*sister* Schwester
goddaughter Patentochter	*sister-in-law* Schwägerin
godmother Patin	*stepdaughter* Stieftochter
grandmother Großmutter	*stepsister* Stiefschwester
granddaughter Enkelin, Enkeltochter	*stepmother* Stiefmutter
mother Mutter	*wife* (Ehe-)Frau

Berufs- und Rangbezeichnungen für Männer. Hierzu die folgenden Wörter:

barber Friseur

*barman**

baron Baron

businessman Geschäftsmann

butler Butler

*churchman**

clergyman Geistlicher

*commissionaire**

con-man Betrüger

count Graf

craftsman Handwerker

duke Herzog

emperor Kaiser

fisherman Fischer

footman Lakai

*gunman**

hangman Henker

headmaster Rektor einer Schule

host Gastgeber

king König

knight Ritter

lord

mailman Briefträger

master Meister

monk Mönch

orderly Ordonnanz

playboy

policeman Polizist

postman Briefträger

prince Prinz

salesman Verkäufer, Vertreter

schoolmaster Lehrer

seaman Seemann, Matrose

*serviceman**

sportsman Sportler

*steward**

stunt man

waiter Kellner

workman Arbeiter

* Die so gekennzeichneten Wörter haben keine direkten Entsprechungen im Deutschen. A *barman* ist jemand, der an einer Bar oder in *pubs* die Getränke ausgibt; *commissionaire* ist, im britischen Englisch, ein livrierter Portier; *churchman* ist ein formelles Wort für „Geistlicher", a *gunman* ist ein bewaffneter Verbrecher, a *serviceman* ist ein Angehöriger der Streitkräfte, a *steward* ist ein Mann, der Fluggäste, Schiffs- oder Bahnreisende bedient.

Berufs- und Rangbezeichnungen für Frauen. Hierzu die folgenden Wörter:

actress Schauspielerin

air hostess Stewardeß (im Flugzeug)

ballerina

*barmaid**

chairwoman Vorsitzende

chambermaid Zimmermädchen

comedienne Komikerin

duchess Herzogin

empress Kaiserin

governess Gouvernante

*manageress**

*matron**

nun Nonne

policewoman Polizistin

priestess Priesterin

princess Prinzessin

proprietress Eigentümerin

queen Königin

spokeswoman Sprecherin

sportswoman Sportlerin

headmistress Rektorin einer Schule	*stewardess**
hostess Gastgeberin	*stunt woman*
housewife Hausfrau	*usherette* Platzanweiserin
maid Dienerin	*waitress* Kellnerin

* Die so gekennzeichneten Wörter haben keine direkte Entsprechung im Deutschen. *A barmaid* ist eine Frau, die an einer Bar oder in einem *pub* die Getränke ausgibt; *a manageress* ist eine Managerin, auch eine Leiterin oder Chefin; *a matron* ist eine Oberschwester oder eine Frau, die in einem Internat o.ä. für die Kinder sorgt; *a stewardess* bedient Fluggäste, Schiffs- und Bahnreisende.

Andere Wörter für männliche Personen.

bachelor Junggeselle	*gentleman* Herr
boy Junge	*guy**
boyfriend*	*lad**
bridegroom Bräutigam	*man* Mann
buddy*	*schoolboy* Schuljunge
chap*	*suitor* Verehrer
fiancé Verlobter	*widower* Witwer

* Die so gekennzeichneten Wörter haben keine direkte Entsprechung im Deutschen. *A boyfriend* ist der (männliche) Freund eines Mädchens, *a buddy* ist umgangssprachlich für Partner, Kumpel; *chap* und *guy* sind umgangssprachliche Wörter für „Junge" oder „Mann"; *a lad* ist umgangssprachlich für „Junge".

Beachte, daß männliche Personen im allgemeinen nicht als *a male* bezeichnet werden.

Andere Wörter für weibliche Personen.

blonde*	*goddess* Göttin
bride Braut	*heiress* Erbin
bridesmaid Brautjungfer	*lady* Dame
brunette*	*lass**
countrywoman*	*schoolgirl* Schulmädchen
fiancée Verlobte	*spinster**
girl Mädchen	*widow* Witwe
girlfriend*	*woman* Frau

* Die so gekennzeichneten Wörter haben keine direkte Entsprechung im Deutschen: *a blonde* ist eine Frau mit blondem, *a brunette* eine Frau mit braunem Haar; *a countrywoman* ist eine Frau, die auf dem Land lebt, auch eine Frau, die die gleiche Staatsangehörigkeit hat, wie man selbst; *a girlfriend* ist eine Freundin (eines Jungen oder eines Mädchens); *a lass* ist umgangssprachlich (bes. schottisch) für Mädchen, Frau oder Freundin; *a spinster* ist eine ältere, unverheiratete Frau.

Beachte, daß weibliche Personen im allgemeinen nicht als *a female* bezeichnet werden. (*the male* bzw. *the female* sind nämlich auch die Wörter, die man für das Männchen bzw. Weibchen bei Tieren verwendet.)

-man und -person. Bei den Wörtern auf *-man* gibt es solche, die sich nur auf Männer beziehen und solche, die sich auf Männer und Frauen beziehen. Ein *workman* ist ein Mann, *a spokesman* dagegen kann sowohl eine ,Sprecherin (eines Unternehmens, einer Institution)' sein als auch ein ,Sprecher'. (Die Wörter auf *-man* in der obigen Liste zu Berufs- und Rangbezeichnungen beziehen sich nur auf Männer.)
Wenn Frauen Berufe ausüben, die bis dahin nur von Männern ausgeübt wurden, wird manchmal die Bezeichnung auf *-man* beibehalten. Manchmal wird auch ein neues Wort geprägt, wie etwa *policewoman*.
Es wird aber zunehmend üblich, „geschlechtsneutrale" Bezeichnungen zu verwenden. So sagt man statt *policeman* oder *policewoman* eher *police officer*, und auch *head teacher* statt *headmaster* oder *headmistress* (,Schulrektor/-in'). Die Wörter *teacher* und *officer* gelten als neutral. Manchmal werden auch Wörter, die auf *-person* enden, verwendet, etwa *chairperson* statt *chairman* bzw. *chairwoman*.

MAßE und MESSEN: *measurements*

Größe, Fläche, Volumen, Gewicht, Entfernung, Geschwindigkeit und Temperatur – diese kann man mit einer Maßbezeichnung angeben und einem Zahlwort davor (oder einem Wort wie *some, a few, many*).

They grow to twenty feet. Sie werden 20 Fuß hoch.
At this point, the city covered approximately 6 hectares. Zu dieser Zeit erstreckte sich die Stadt über annähernd sechs Hektar.
... blocks of stone weighing up to a hundred tons. ... Steinblöcke mit einem Gewicht bis zu 100 Tonnen.
They may travel as far as 70 kilometres in their search for fruit. Sie (manche Tiere) laufen bis zu 70 km auf der Suche nach Früchten.
Reduce the temperature by a few degrees. Die Temperatur um einige Grad zurückstellen.

Metrische Maße und Maße nach dem *imperial system*. In Großbritannien werden zwei Maßsysteme verwendet – das metrische System und das sogenannte *imperial system*.

Für die meisten Zwecke wird das metrische System verwendet. Das ältere *imperial system* ist aber auch noch in Gebrauch: Größe und Gewicht von Menschen werden mit diesem System angegeben, auch Bestellungen für Getränke in *pubs,* Entfernungen auf Wegweisern, und es ist das übliche System bei manchen Sportarten (Cricket, Rugby und Pferderennen).

Jedes System hat seine eigenen Maßbezeichnungen. In der Tabelle werden sie einander gegenübergestellt. Die gebräuchlichen Abkürzungen sind in Klammern.

	metric units Einheiten: metrisch		imperial units Einheiten: „imperial"		
size/distance Größe, Länge Entfernung	millimetre centimetre metre kilometre	(mm) (cm) (m) (km)	inch foot yard mile	(in or ") (ft or ') (yd) (m)	= 2.54 cm = 12 in or 30.48 cm = 36 in or 91.4 cm = 1760 yd or 1609 m
area Fläche	hectare	(ha)	acre	(a)	= 4840 square yards or 4047 square metres
volume Volumen	millilitre centilitre litre	(ml) (cl) (l)	fluid ounce pint quart gallon	(fl oz) (pt) (q) (gal)	= 2.84 cl = 20 fl oz or 568 cl = 2 pt = 8 pt or 4.55 l
weight Gewicht	milligram gram kilogram tonne	(mg) (g) (kg) (t)	ounce pound stone hundred weight ton	(oz) (lb) (st) (cwt) (t)	= 28.35 g = 16 oz or 0.454 kg = 14 lb or 6.35 kg = 112 lb or 50.8 kg = 2240 lb or 1016 kg

Im metrischen System werden (falls nötig) Dezimalzahlen verwendet. Man sagt z.B. *It weighs 4.8 kilograms* oder *It is 1.68 metres long.* Im *imperial system* werden eher Bruchzahlen genommen, also etwa *six and three-quarter inches* ($6\frac{3}{4}$) oder *one and a half tons of wheat* ($1\frac{1}{2}$).

Statt *kilogram* wird auch *kilo* gebraucht, statt *tonne* auch *metric ton.*

In den USA ist das metrische System – außer für militärische, medizinische und wissenschaftliche Zwecke – nicht üblich. *litre* und *metre* werden *liter* bzw. *meter* geschrieben. Die Bezeichnungen *stone* und *hundredweight* sind in den USA sehr selten. Beachte, daß in den USA *pints, quarts* und *gallons* andere Mengen bezeichnen als in Großbritannien. Ein *pint* in den USA ist 0,473 l, ein *quart* in den USA sind 2 *pints*, also 0,946 l, ein *gallon* in den USA sind 4 *quarts*, also 3,785 l.

Größe. Zur Angabe der Größe verwendet man normalerweise eine Zahl, eine Maßbezeichnung und ein Eigenschaftswort. (Bei allen folgenden Beispielen werden Maßangaben nach dem *imperial system* belassen, wenn es ein entsprechendes Wort im Deutschen gibt.)
The water was fifteen feet deep. ... 15 Fuß tief.
The altar is to be 90 centimetres high. Der Altar soll 90 cm hoch werden.
One of the layers is six metres thick. Eine der Schichten ist sechs Meter dick.
He was about six feet tall. Er war ungefähr sechs Fuß (groß).

Statt der Mehrzahlform *feet* kann man auch *foot* sagen.
The spears were about six foot long. Die Speere waren ungefähr sechs Fuß lang.

Drückt man die Größe in *feet* und *inches* aus, kann man das Wort *inches* weglassen: *It is two foot six long.* (Aber nur in dieser Kombination: *two feet six long* oder *two foot six inches long* geht nicht.)
He's Italian, and immensely tall, six feet six inches.

Nach den Maßeinheiten können die folgenden Adjektive gesetzt werden:
deep tief	*long* lang	*thick* dick
high hoch	*tall* groß	*wide* breit

Bei der Angabe der Größe eines Menschen kann man *tall* setzen oder weglassen. Ein anderes Adjektiv für die Bedeutung ‚gemessen von der Ferse bis zum Scheitel des Menschen' gibt es nicht.
She was six feet tall.
He was six foot six.

Statt *wide* ‚breit' geht auch *across.*
... a squid that was 21 metres long with eyes 40 centimetres across. ... ein Tintenfisch, 21 Meter lang und mit 40 Zentimeter breiten Augen.

Die oben genannten Eigenschaftswörter können durch die folgenden Wendungen nach der Maßangabe ersetzt werden.

in depth in der Tiefe; mit einer Tiefe von; ... tief
in height in der Höhe; mit einer Höhe von; ... hoch
in length in der Länge; mit einer Länge von; ... lang
in thickness mit einer Dicke von; ... dick
in width in der Breite; mit einer Breite von; ... breit

They are thirty centimetres <u>in length.</u>
He was five feet seven inches <u>in height.</u>

Eine Frage nach der Größe von etwas wird mit *how* und einem der Eigenschaftswörter aus der zweiten Liste gebildet, oder dem Eigenschaftswort *big*, das sich ganz allgemein auf Größe bezieht (allerdings kann man mit *big* nicht nach der Größe eines Menschen fragen.)
<u>How tall</u> is he? Wie groß ist er?
<u>How big</u> is it going to be? Wie groß wird es?

Größe von runden Gegenständen und runden Flächen. Die Größe von runden Gegenständen oder Flächen gibt man mit dem Umfang (*circumference* /sək∧mfərəns/, *edge measurement*) oder mit dem Durchmesser (*diameter* /daɪæmɪtə/, *width*) an. Die Formulierung ist *in circumference* bzw. *in diameter*.
Some of its artificial lakes are <u>ten or twenty kilometres in circumference.</u> Einige seiner künstlichen Seen haben einen Umfang von zehn oder zwanzig Kilometern.
They are about <u>nine inches in diameter.</u> Sie messen ungefähr neun Zoll im Durchmesser.

Den Radius, also den halben Durchmesser, gibt man so an:
It had <u>a radius of fifteen kilometres.</u> Es hatte einen Radius von 15 Kilometern.

Die verschiedenen Ausdehnungen. Wenn man die Größe eines Gegenstandes oder einer Fläche vollständig angeben will, gibt man die einzelnen Ausdehnungen (*dimensions*) an, also die Maße für Länge und Breite, oder für Länge (Höhe), Breite und Tiefe. Bei der Angabe für die Ausdehnungen trennt man die einzelnen Angaben durch *and* oder *by* oder durch das Multiplikationszeichen *x*. Das Verb dafür ist *be* oder *measure*.
Each frame was <u>four metres tall and sixty-six centimetres wide.</u> Jeder Rahmen war vier Meter hoch und 66 Zentimeter breit.

The island measures about 25 miles by 12 miles. Die Insel mißt ungefähr 25 auf 12 Meilen.

It was an oblong box about fifteen by thirty centimetres. Eine rechteckige Schachtel von ungefähr 15 auf 30 Zentimeter.

The box measures approximately 26 inches wide x 25 inches deep x 16 inches high. Die Schachtel ist ca. 26 Zoll lang, 25 Zoll tief und 16 Zoll hoch.

in size kann hinzugefügt werden.
... two sections, each 2 x 2 x 1 metres in size.

Flächen. Angaben zur Fläche haben oft das Wort *square* vor der Maßangabe. *A square metre* ist ein Quadratmeter.

He had cleared away about three square inches. Er hatte ungefähr drei Quadratzoll entfernt.

They are said to be as little as 300 sq cm. Es heißt, daß sie nur eine Größe von 300 qcm haben.

... a couple of square yards ... zwei Quadrat-Yard.

Man kann *in area* hinzufügen.

These hot spots are often hundreds of square miles in area. Diese heißen Flecken (auf der Sonne) sind oft hunderte von Quadratmeilen groß.

Wenn man von etwas Quadratischem spricht, kann man die Länge jeder Seite mit der Zahl, der Einheit und dem Wort *square* angeben.

Each family has only one room eight or ten feet square. (Also im Quadrat = ca. 5,7 oder gut 9 qm.)

... an area that is 25 km square. (Also im Quadrat = 625 qkm.)

Hinweis. Die zwei verschiedenen Verwendungen von *square* sollte man nicht verwechseln. *A room five metres square* hat eine Fläche von 25 qm.

Große Flächen werden oft in *hectare* (10 000 qm) oder *acre* (4047 qm) gemessen.

In 1975 there were 1,240 million hectares under cultivation. 1975 wurden 1240 Millionen Hektar landwirtschaftlich genutzt.

His land covers twenty acres. Er besitzt über 8 Hektar Land.

Volumen. Das für die Raum-Messung übliche „Kubik-" ist *cubic.* 10 Kubikzentimeter sind *10 cubic centimetres.*

Its brain was close to 500 cubic centimetres (49 cubic inches). Sein Gehirn hatte ein Volumen von nahezu 500 ccm.

Maßeinheiten wie *litre* und *gallon* werden für Flüssigkeiten und Gase verwendet.
Wine production is expected to reach 4.1 billion gallons this year.
The amount of air being expelled is about 1,000 to 1,500 mls. Die Menge der ausgeatmeten Luft beträgt ungefähr 1000 bis 1500 Milliliter.

Wenn man in Großbritannien von *a pint* spricht, meint man damit meistens *a pint of beer.*
A lorry driver came into the pub for a pint.

Entfernung. Entfernungen gibt man in Zahlen und der Maßbezeichnung an, davor steht *from* oder *away from* oder *away.*
... when the fish are 60 yds from the beach. ... wenn die Fische 60 Yards vom Strand (weg) sind.
These offices were approximately nine kilometres away from the centre. ... Diese Büros waren ungefähr neun Kilometer vom Zentrum entfernt.
She sat down about a hundred metres away. Sie setzte sich ungefähr 100 Meter entfernt hin.

Entfernungen kann man auch mit der Zeit angeben, die man zum Gehen, Fahren usw. benötigt.
It is half an hour from the Pinewood Studios and forty-five minutes from London.
They lived only two or three days away from Juffure.

Und wenn man genauer sein will in Bezug auf die Art der Fortbewegung:
It is less than an hour's drive from here. Weniger als eine Stunde mit dem Auto von hier.
It's about five minutes' walk from the bus stop. Von der Bushaltestelle ungefähr fünf Minuten zu laufen.

Die Frage nach der Entfernung ist *How far is ...; How far is it ....* „Von" ist *from* und „nach" ist *to.*
How far is Chester from here? Wie weit ist es nach Chester von hier?
How far is it to Charles City? Wie weit ist es nach Charles City?
'How far is it?' – 'A hundred and fifty kilometres from here.' „Wie weit ist es?" – „150 Kilometer von hier."

Entfernung und Position. Für Angaben wie „fünf Meter über, unter, nach, vor, hinter usw. mir" gibt es die Präpositionen

above oberhalb von	*off* weg von etwas
across quer gegenüber von	*out of* aus etwas heraus
along entlang von	*outside* außerhalb von
behind hinter	*over* über
below unterhalb von	*past* nach, jenseits von
beyond nach, jenseits von	*under* unter
down hinunter	*underneath* unten, darunter
inside innerhalb von	*up* oben
into in etwas hinein	

... fifty miles above the surface of the earth. ... 50 Meilen oberhalb der Erdoberfläche.
Maurice was only a few yards behind him. ... nur einige Yards hinter ihm.
At a cafe a hundred metres down the street ... In einem Lokal 100 Meter die Straße hinunter ....

Die meisten Wörter aus der obigen Liste kann man auch als Ortsbestimmungen nach der Entfernungsangabe gebrauchen, also etwa „50 Meter dahinter" *fifty metres behind.* (Ausgenommen von dieser Verwendung sind *across, into, over, past.*) Ebenso wie *behind* können verwendet werden *apart* ‚voneinander entfernt‘, *in* ‚hinein‘, *inland* ‚landeinwärts‘, *offshore* ‚vor der Küste‘, *on* ‚weiter‘ und *out* ‚(nach) außen, draußen‘.
These two fossils had been lying about 50 feet apart in the sand. Die beiden Fossilien hatten fünfzig Fuß voneinander entfernt im Sand gelegen.
We were now forty miles inland. Wir waren jetzt 40 Meilen im Landesinneren.
A few metres further on were other unmistakable traces of disaster. Einige Meter weiter sahen wir andere untrügliche Anzeichen einer Katastrophe.

Entfernungsangaben können auch vor Ausdrücken wie *north of* ‚nördlich von‘, *to the east of* ‚im Osten von‘, *to the left* ‚links von‘ stehen.
He was some miles north of Ayr. ... einige Meilen nördlich von Ayr.
The low crest 1,000 metres away to the east was dimly visible. Der niedrige Bergrücken 1000 Meter (weg) im Osten war schwach erkennbar.
The maker's name was engraved a millimetre to the right of the '2'. Der Name des Herstellers war einen Millimeter rechts von der ‚2‘ eingraviert.
It had exploded 100 yards to their right. Es war 100 Yards rechts von ihnen explodiert.

Gewicht. Um das Gewicht von Tieren oder Gegenständen anzugeben, verwendet man die entsprechende Form von *weigh.*

The statue weighs fifty or more kilos. Die Statue wiegt 50 oder mehr Kilo.
The calf weighs 50 lbs. Das Kalb wiegt 23 Kilo.

Bei einer Person nimmt man eine Form von *weigh* oder von *be.* Die Angabe *stone* steht im Britischen Englisch meist in der Einzahl.
He weighs about nine and a half stone.
You're about ten and a half stone.

Drückt man das Gewicht in *stones* und *pounds* aus, sagt man (z.B.) *twelve stones four.*
„Zwei Kilo schwer" ist *two kilograms in weight.*

I put on nearly a stone in weight. Ich hatte fast 13 Pfund zugenommen.

In den USA werden die Bezeichnungen *hundredweight* und *stone* nur sehr selten gebraucht, das Gewicht wird in *pounds* oder *tons* angegeben.
Philip Swallow weighs about 140 pounds. (ungefähr 64 Kilo)

Amerikaner lassen, wenn vom Gewicht einer Person die Rede ist, das *hundred* und das *pounds* öfters weg.
I bet he weighs one seventy, at least. Er wiegt garantiert 77 Kilo, mindestens (d.h. 170 pounds).

Nach dem Gewicht von jemandem oder etwas fragt man mit *how much* und *weigh.*
How much does the whole thing weigh? Was wiegt die ganze Sache?

Man kann auch mit *how heavy* fragen.
How heavy are they?

Temperatur. Für Temperaturangaben wird sowohl das Celsiussystem als auch das Fahrenheitsystem verwendet. Celsiusgrade sind *degrees centigrade* (oft °C geschrieben), Fahrenheitgrade sind *degrees Fahrenheit* (oft °F geschrieben). In der wissenschaftlichen Fachsprache heißt es statt *degrees centigrade* aber *degrees Celsius.*
Nach der Fahrenheitskala gefriert Wasser bei 32°F und siedet bei 212°F. Umgerechnet wird folgendermaßen: $(5F/9) - 32 = C$. Demnach sind 9° Fahrenheit dann -27° Celsius.
The temperature was still 23 degrees centigrade.
... about 30 degrees Celsius.
It was 9°C, and felt much colder. Es war 9°C, kam einem aber viel kälter vor.
The temperature was probably 50°F.

Wenn klar ist, welches System benutzt wird, reicht die Angabe *degrees.*

Temperaturgrade unter Null sind *degrees below freezing* oder *degrees below zero*.
... when the temperature is <u>fifteen degrees below freezing</u>.
It's amazingly cold: must be <u>twenty degrees below zero</u>.

Tempo, Geschwindigkeit, Relationen. Die Geschwindigkeit, mit der Entfernungen zurückgelegt werden, wird so angegeben: Entfernungsangabe, dann *per* oder *a* (oder *an*, wenn nötig) und Zeitangabe.
Wind speeds at the airport were <u>160 kilometres per hour</u>. Die Windgeschwindigkeiten am Flugplatz betrugen 160 km/h.
Warships move at about <u>500 miles per day</u>. Kriegsschiffe haben eine Geschwindigkeit von ca. 500 Meilen pro Tag.

Wenn man schreibt, kann man einen Schrägstrich statt des *per* setzen.
... a velocity of <u>160 km/sec</u>.

Dies wird als *kilometres per second* gesprochen.

per, *a* oder *an* werden auch für andere zeitbezogene Angaben gebraucht.
... a heart rate of <u>70 beats per minute</u>. ... ein Puls von 70 Schlägen pro/in der Minute.
He earns <u>two rupees a day</u> collecting rags and scrap paper. Er verdient zwei Rupien am Tag mit dem Sammeln von Lumpen und Abfallpapier.
In Java a quarter of the annual rainfall comes in showers of <u>sixty millimetres an hour</u>. In Java geht ein Viertel des jährlichen Niederschlags in Form von Schauern von 60 Millimeter pro Stunde nieder.

per wird auch zum Ausdruck anderer Relationen eingesetzt.
In Indonesia there are 18,100 people <u>per doctor</u>. In Indonesien kommen 18100 Leute auf einen Arzt.
I think we have more paper <u>per employee</u> in this department than in any other. ... mehr Papier pro Angestellten ...

Für *per person* und *a person* wird oft *per head* oder *a head* gebraucht.
The average cereal consumption <u>per head</u> per year in the U.S.A. is 900 kg. ... der durchschnittliche Getreideverzehr pro Kopf und Jahr ...

Statt *per* geht auch *to the*.
The exchange rate would soon be <u>$2 to the pound</u>. ... 2 Dollar für das Pfund.
... about <u>2 cwt (101 kg) to the acre</u>. ... pro *acre*.

Vorgestellte Maßangaben. Angaben über Größe, Fläche, Volumen, Entfernung und Gewicht können den entsprechenden Substantiven vorgestellt werden.

... a *5 foot 9 inch* bed.

... *70 foot high* mounds. ... 70 Fuß hohe Wälle.

15 cm x 10 cm posts would be ideal. Pfosten mit einem Querschnitt von ...

... a *2-litre* engine. ... ein Zwei-Liter-Motor.

Wörter wie *high* oder *long* können verwendet werden, müssen aber nicht.

Die gesamte Maßangabe kann mit Bindestrich geschrieben werden.

... a *five-pound* bag of lentils. ... ein 5-Pfund-Beutel Linsen.

We finished our *500-mile* journey at 4.30 p.m. on the 25th September.

... a *ten-acre* farm near Warwick.

Hinweis. Die Maßangaben stehen in der Einzahl, trotz der Zahl davor: *a ten-mile walk*. Bei sportlichen Disziplinen steht aber der Plural: *the 100 metres race; the 100 metres record*.

... *winning the 100 metres breaststroke*. ... das 100 Meter Brustschwimmen.

Maßangaben, die auf ein Adjektiv enden oder mit *in* konstruiert sind, können nach dem Substantiv stehen.

There were seven main bedrooms, four bathrooms and a sitting-room fifty feet long.

... *long thin strips 6mm (quarter inch) wide.* ... lange dünne Streifen von 6mm Breite.

... *a giant planet over 30,000 miles in diameter.* ... ein riesiger Planet mit über 30 000 Meilen im Durchmesser.

Flächenangaben können mit *-ing*-Formen wie *covering, measuring*, Gewichtsangaben mit *weighing* formuliert werden.

... *a largish park covering 40,000 square feet.* ... ein ziemlich großer Park von ... / der sich über ... erstreckt.

... *a square area measuring 900 metres on each side.*

... *an iron bar weighing fifteen pounds.* ... ein Eisenbarren mit einem Gewicht von 15 pounds.

... *blocks of stone weighing up to a hundred tons.* ... Steinblöcke mit einem Gewicht bis zu 100 Tonnen.

Flächen- oder Volumenangaben können auch mit *of* eingeführt werden.

... *an empire of 13 million square miles and 360 million people.* ... ein Reich von 13 Millionen Quadratmeilen und 360 Millionen Menschen.

... *vessels of 100 litres.* ... Gefäße für 100 Liter.

Nähere Bestimmungen. Wenn *area, speed, increase* näher bestimmt werden, wird mit *of* konstruiert.

There were fires burning over a total area of about 600 square miles. Die Brände erstreckten sich auf eine Gesamtfläche von ca. 600 Quadratmeilen.

... an average annual temperature of 20°. ... eine jährliche Durchschnittstemperatur von 20°.

... an increase of 10 per cent. ... eine Erhöhung um 10%.

Auch die folgenden Konstruktionen sind möglich:

... a 71 per cent increase in earnings. ... ein Verdienstzuwachs von 71 %.

... his £ 25,000-a-year salary. ... sein Jahreseinkommen in Höhe von ...

Maßangaben von *of.* Maßangaben mit Substantiven stehen häufig vor *of,* wie in

... 20 yds of nylon. ... 20 Yards Nylon.

Americans consume about 1.1 billion pounds of turkey and 81 million gallons of hard liquor at this time.

Wenn man von *a half* spricht, meint man *half a pint* (z.B. als Bestellung im *pub,* etwas mehr als ein Viertelliter). *A quarter* allein ist *a quarter of a pound* (gut 100g).

I'll have a half of lager. ... ein kleines *Lager* /lɑːgə/ (eine Art helles Bier)

A quarter of mushrooms, please.

NAMEN und TITEL: *names and titles*

Dieser Abschnitt informiert über Namen, Titel und Berufsbezeichnungen. Wie man diese gebraucht, wenn man jemanden anredet oder an jemanden schreibt, ist in den Abschnitten „Jemanden ANREDEN" bzw. „BRIEFE schreiben" erläutert.

Die verschiedenen Namen. In englischsprachigen Ländern hat man einen *first name* (Vornamen) und einen *surname* (Familiennamen).

Viele haben auch einen *middle name;* dieser *middle name* wird, wie der *first name* auch, von den Eltern gegeben. Normalerweise wird dieser *middle name* nur in Form des ersten Buchstabens gesetzt.

... the assassination of John F Kennedy. ... die Ermordung John F. Kennedys.

Christen bezeichnen den Vornamen auch als *Christian name*. Auf offiziellen Formularen steht für „Vorname" entweder *first name* oder *forename*.

Verheiratete Frauen nahmen früher immer den Namen des Ehemannes an, heute verwenden manche Frauen auch nach der Heirat ihren Geburtsnamen.

Kurzformen. In zwangloser Unterhaltung werden auch Kurzformen der Vornamen verwendet, und einige Vornamen haben übliche Kurzformen, etwa *Jim* für *James*, *Bob* für *Robert*.

Nicknames sind Spitznamen, z.B. *Lofty* (für jemand, der sehr groß ist).

Schreibung der Namen. Die Namen beginnen mit einem großen Buchstaben.

... *John Bacon.*

... *Jenny.*

... *Smith.*

Bei Namen, die mit *Mac* oder *Mc* oder *O'* beginnen, wird der folgende Buchstabe oft großgeschrieben.

Elliott is the first athlete to be coached by <u>McDonald.</u> ... der erste Sportler, der von McDonald trainiert wird.

... *the author of the article, Mr Manus <u>O'Riordan.</u>*

In Großbritannien gibt es Familiennamen, die aus zwei Namen bestehen. Einige werden mit Bindestrich geschrieben, andere getrennt. (Im dritten Beispiel ist also *Vaughan* nicht der *middle name*.)

... *John <u>Heath-Stubbs.</u>*

... *Sir Patrick <u>McNair-Wilson.</u>*

... *Ralph <u>Vaughan Williams.</u>*

Initialen. *The initials* sind die Initialen, also die jeweils ersten Buchstaben, groß geschrieben, des *first name, middle name* und des *surname* oder des *first name* und des *middle name*. In bezug auf den Namen *Elizabeth Margaret White* kann man sagen, daß die *initials* dann *EMW* sind. Oder, daß *White* der *surname* ist und *EM* die *initials*. Man kann auch *E.M.W.* schreiben. Gelegentlich unterzeichnet man nur mit den *initials*, gelegentlich wird man auch nur nach den *initials* – und nicht nach dem Namen – gefragt.

Jemanden erwähnen. Wenn man von jemandem spricht, benutzt man den Vornamen, vorausgesetzt, der andere weiß, von wem man spricht.

John and I have discussed the situation.
Have you seen Sarah?

Den ganzen Namen nimmt man, wenn es der Klarheit halber erforderlich ist oder wenn man die Person nicht gut kennt.

If Matthew Davis is unsatisfactory, I shall try Sam Billings. Wenn Matthew Davis nicht gut genug ist, versuche ich es mit Sam Billings.

Anredeform (oder Titel) und Familienname nimmt man, wenn man nicht befreundet oder gut bekannt ist oder wenn man höflich sein will.

Mr Nichols can see you now. Sie können jetzt mit Mr. Nichols sprechen.
We'd better not let Mrs Townsend know. Es ist besser, wenn wir Mrs. Townsend nichts davon sagen.

Titel und der volle Name zusammen werden in einer Unterhaltung wenig gebraucht. Diese Art der Erwähnung findet sich manchmal in Sendungen und formellen Texten.

An even more ambitious reading machine has been developed by Professor Jonathan Allen at the Massachusetts Institute of Technology.

Die Namensnennung mit Initialen und Familiennamen findet man im wesentlichen in der geschriebenen Sprache, nur bei einigen bekannten Persönlichkeiten, vor allem Autoren, werden die Initialen auch gesprochen: T.S. Eliot /tiː es eljət/, J.R. Tolkien /dʒeɪ ɑː tɒlkiːn/.

Berühmte Dichter, Schriftsteller, Künstler nennt man mit dem Familiennamen.
... the works of Shakespeare.

Auch andere bekannte Leute werden so erwähnt, auf Frauen bezieht man sich in Großbritannien aber selten nur mit dem Familiennamen.

Verwandte. Wörter wie *father, mum, grandpa, granny* werden auch als Namen verwendet.

Mum will be pleased. Mami wird sich freuen.
You can stay with Grandma and Grandpa. Du kannst bei Oma und Opa bleiben.

Familien. Eine Familie oder ein Ehepaar, das einen gemeinsamen Namen hat, kann man bezeichnen mit dem Namen in der Mehrzahl und *the* davor.

... some friends of hers called <u>the Hochstadts.</u> ... mit Namen Hochstadt/ die Hochstadts.

Artikel vor Namen. Namen werden im allgemeinen ohne *the* oder *a* gebraucht. In formellen und geschäftlichen Situationen kann *a* vor dem Namen verwendet werden, wenn man den Betreffenden nicht kennt, vorher nicht von ihm gehört hat.
You don't know <u>a Mrs Burton-Cox,</u> do you? Eine Mrs. Burton-Cox kennst du nicht, oder?
Just over two years ago, <u>a Mr Peter Walker</u> agreed to buy a house from <u>a Mrs Dorothy Boyle.</u>

Another vor dem Namen einer berühmten Person bedeutet ‚ein zweiter'.
He dreamed of becoming <u>another Joseph Conrad.</u> Er träumte davon, ein zweiter Joseph Conrad zu werden.
What we need is <u>another Churchill.</u> Was wir brauchen, ist ein zweiter Churchill.

Wenn man fragt, ob jemand tatsächlich „DEN berühmten X" meint, sagt man *the*, in diesem Falle als /ði:/ gesprochen.
You actually met <u>the George Harrison?</u>

Anredeformen, Titel und Berufsbezeichnungen. Die üblichen Anredeformen sind *Mr*, für verheiratete Frauen *Mrs*, und *Miss* für nicht verheiratete Frauen. Auch verheiratete Frauen, die den Namen des Ehemannes nicht angenommen haben, werden manchmal mit *Miss* angeredet. Jüngere Frauen ziehen vor, mit *Ms* /mɪz, məz/ angeredet zu werden (statt mit *Mrs* oder *Miss*), vor allem, wenn sie ihren Geburtsnamen beibehalten haben.

Die folgenden Titel und Berufsbezeichnungen werden auch zusammen mit dem Familiennamen oder mit Vornamen und Familiennamen verwendet.

Ambassador Botschafter	*Governor**
Archbishop Erzbischof	*Inspector* Inspektor
Baron Baron	*Judge* Richter
Baroness Baronin	*Justice**
Bishop Bischof	*Nurse* (Kranken-)Schwester
Cardinal Kardinal	*President*
Constable*	*Professor*
Councillor*	*Rabbi*
Doctor Doktor	*Superintendent* Polizeichef
Father*	

90

* Die so gekennzeichneten Wörter haben keine direkte Entsprechung im Deutschen: *a constable* ist ein Polizist mit dem niedrigsten Dienstgrad; *a councillor* ist ein Mitglied eines kommunalen Parlaments; *Father* wird in einigen Kirchen als Bezeichnung und Anrede für einen Geistlichen gebraucht; *Governor* bezeichnet verschiedene hohe politische Ämter; *Justice* ist der Titel von Richtern, z.B. *Mr Justice Pill*.

Inspector Flint thinks I murdered her.
... representatives of President Anatolijs Gorbunovs of Latvia. ... Abgesandte des Präsidenten von Lettland, ...

Auch militärische Rangbezeichnungen werden so verwendet.
General Haven-Hurst wanted to know what you planned to do.
... his nephew and heir, Colonel Richard Airey.

Die folgenden Titel und Bezeichnungen werden nur mit dem Vornamen verbunden.

Emperor Kaiser	*Prince* Prinz
Empress Kaiserin	*Princess* Prinzessin
King König	*Queen* Königin
Pope Papst	*Saint* der/die Heilige

... Queen Elizabeth II.
... Saint Francis. Der Hl. Franziskus.

Vor *Emperor* ‚Kaiser' und *Empress* ‚Kaiserin' steht meist *the*.
... the Emperor Theodore.

Sir und *Dame* stehen zusammen mit Vor- und Familiennamen oder, wenn deutlich ist, wen man meint, vor dem Vornamen. (*Sir* ist die Anrede für einen *knight* oder *baronet*, *dame* die für eine Frau, die die Ritterwürde erhalten hat).
... his successor, Sir Peter Middleton.
Sir Geoffrey was not consulted over these changes.

So werden auch *Lord* und *Lady* verwendet (wenn der Titel ererbt wurde und die Betreffenden von hohem Adel sind.)
... the Queen's niece, Lady Sarah Armstrong-Jones.
... Lady Diana's wedding dress.

Wurde der Titel *Lord* oder *Lady* verliehen (und nicht ererbt), dann steht danach nur der Familienname.
Lord Mackay has written to Judge Pickles seeking an explanation.

So wird auch *Lady* verwendet, wenn es sich bei der Betreffenden um die Frau eines *knight* handelt.
... *Sir John and <u>Lady Mills.</u>*

Earl und *Countess* (entsprechend ungefähr ‚Graf, Gräfin‘) stehen vor dem Familiennamen.
... <u>*Earl Mountbatten*</u> *of Burma.*

Manche Titel usw. können miteinander kombiniert werden. Militärische Rangbezeichnungen und *Professor* können vor *Sir* stehen, vor *Justice* kann ein *Mr* oder *Mrs* oder *Lord* stehen.
... *General Sir Ian Hamilton.*
... *Mr Justice Melford Stevenson.*

Wenn erkenntlich ist, wen man meint, kann *the* mit dem Titel oder der Bezeichnung stehen, ohne den Namen.
... *the Queen.*
... *the Prime Minister.*

Verwandtschaftsnamen. Nur die folgenden Verwandtschaftsnamen werden zusammen mit dem Vornamen gebraucht: *Uncle, Aunt, Auntie, Great Uncle, Great Aunt.*
... *Aunt Jane.*

Father ist die Anrede für einen Priester oder Pfarrer, *Brother* die für einen Mönch, *Mother* und *Sister* für Nonnen. Diese Wörter werden zusammen mit Namen nicht für Verwandte gebraucht.

Titel und *of*. Manche Titel haben eine Ergänzung mit *of*.
... *the President of the United States.*
... *the Prince of Wales.*
... *the Bishop of Birmingham.*

Hier eine Liste mit Titeln (nach *the* und vor *of*).

Archbishop Erzbischof	*Governor* Gouverneur
Bishop Bischof	*King* König
Chief Constable*	*Mayor**
Countess Gräfin	*Mayoress**
Dean*	*President*

Duchess Herzogin	*Prime Minister* Premierminister
Duke Herzog	*Prince* Prinz
Earl Graf	*Princess* Prinzessin
Emperor Kaiser	*Queen* Königin
Empress Kaiserin	

* Die so gekennzeichneten Wörter haben keine direkte Entsprechung im Deutschen: *Chief Constable* bezeichnet einen für eine größere Gegend verantwortlichen Polizeichef; *Dean* bezeichnet einen Geistlichen mit einem hohen kirchlichen Amt; *Mayor* entspricht in etwa dem Oberbürgermeister, *a Mayoress* ist dessen Frau oder selbst Oberbürgermeisterin.

Titel in der Mehrzahl. Die Mehrzahl bei Titeln klingt ziemlich formell, vor allem vor Namen, wie im zweiten Beispiel.
... the Presidents of Colombia, Venezuela and Panama.
... Presidents Carter and Thompson.

Hinweis. Zu der Anredeform *Ms* gibt es keine Mehrzahl, zu *Mrs* auch nicht. Die Mehrzahl von *Mr* ist *Messrs* /mesəz/, diese Form ist aber nur als Teil von Geschäftsnamen üblich oder in sehr formeller Sprache. Die Mehrzahl *Misses* zu *Miss* ist ebenfalls sehr formell.
... your solicitors, <u>Messrs Levy and McRae.</u>
<u>The Misses Seeley</u> had signed the petition.

Einigen Titeln wird *His* oder *Her* vorgestellt.
<u>Her Majesty</u> must do an enormous amount of travelling each year.
... <u>Her Royal Highness,</u> Princess Alexandra.
<u>His Excellency</u> is occupied. Seine Exzellenz ist beschäftigt.

NATIONALITÄTSBEZEICHNUNGEN:
nationality words

Wenn man über Menschen und Dinge eines bestimmten Landes oder Staates spricht, benötigt man drei Arten von Wörtern:
– ein Adjektiv für das Land, wie etwa *French* in *French wine*

– ein Wort, mit dem man eine Person aus dem Land bezeichnet, wie etwa *Frenchman*
– ein Wort nach *the*, das alle Menschen des Landes bezeichnet, wie etwa *the French*
,die Franzosen'.

In vielen Fällen ist das Wort für die einzelne Person das gleiche wie das Adjektiv, und das Wort für alle Menschen dieses Landes ist die Mehrzahlform davon.

Land/Staat	Adjektiv	eine Person	die Leute
America	American	an American	the Americans
Australia	Australian	an Australian	the Australians
Belgium	Belgian	a Belgian	the Belgians
Canada	Canadian	a Canadian	the Canadians
Chile	Chilean	a Chilean	the Chileans
Germany	German	a German	the Germans
Greece	Greek	a Greek	the Greeks
India	Indian	an Indian	the Indians
Italy	Italian	an Italian	the Italians
Mexico	Mexican	a Mexican	the Mexicans
Norway	Norwegian	a Norwegian	the Norwegians
Pakistan	Pakistani	a Pakistani	the Pakistanis

Dieses Muster gilt, wenn die Adjektive auf *-an* enden.

Wenn das Adjektiv auf *-ese* endet, steht das Wort, das alle Personen des Landes bezeichnet, nicht in der Mehrzahlform.
The Chinese sind die Chinesen.

Land/Staat	Adjektiv	eine Person	die Leute
China	Chinese	a Chinese	the Chinese
Portugal	Portuguese	a Portuguese	the Portuguese
Vietnam	Vietnamese	a Vietnamese	the Vietnamese

Mit der Form auf *-ese* bezeichnet man eine einzelne Person nur selten. Man sagt lieber *a Portuguese man* oder *a Portuguese woman* statt *a Portuguese*. Auch *Swiss* geht nach diesem Muster.

Bei einigen Nationalitätsbezeichnungen ist das Adjektiv etwas abweichend.

Land/Staat	Adjektiv	eine Person	die Leute
Denmark	Danish	a Dane	the Danes
Finland	Finnish	a Finn	the Finns
Iceland	Icelandic	an Icelander	the Icelanders
New Zealand	New Zealand	New Zealander	the New Zealanders
Poland	Polish	a Pole	the Poles
Sweden	Swedish	a Swede	the Swedes
Turkey	Turkish	a Turk	the Turks

Wieder anders ist die folgende Gruppe.

Land/Staat	Adjektiv	eine Person	die Leute
Britain	British	a Briton	the British
England	English	an Englishman	the English
		an Englishwoman	
France	French	a Frenchman	the French
		a Frenchwoman	
Holland	Dutch	a Dutchman	the Dutch
		a Dutchwoman	
Ireland	Irish	an Irishman	the Irish
		an Irishwoman	
Spain	Spanish	a Spaniard	the Spanish
Wales	Welsh	a Welshman	the Welsh
		a Welshwoman	

Beachte, daß *England* der Teil Großbritanniens ist, der nicht Schottland und nicht Wales ist.
Die Bezeichnung *Briton* ist selten und kommt nur in der geschriebenen Sprache vor.
Das Adjektiv zu *Scotland* ist *Scottish*. Das Wort *Scotch* ist in dieser Verwendung altmodisch. Jemand aus Schottland ist *a Scot, a Scotsman, a Scotswoman*. Und *the Scots* sind die Schotten.

Einzelne Personen einer Nationalität. Statt der Personenbezeichnungen wie oben kann man auch das jeweilige Adjektiv zusammen mit einem Wort wie man, *gentleman, woman, lady* verwenden.
... *an Indian gentleman.*
... *a French lady.*

Mit der Personenbezeichnung in der Einzahl (wie *a Finn, a Mexican*) meint man eher einen Mann. Wenn man von einer Frau spricht, sagt man deshalb zum Beispiel *He had married a Spanish girl.* ... eine Spanierin.
An American woman in her sixties told me that this was her first trip abroad.

Nach einer Form von *be* steht meistens das Adjektiv, also *He's Polish* ‚Er ist Pole' (eher als *He's a Pole*).

Die Bezeichnungen, die auf *-men* enden, können sich auf Männer und Frauen zugleich beziehen. Bezeichnungen, die auf *-man* enden, werden manchmal verwendet, um sich ganz allgemein auf eine Person der betreffenden Nationalität zu beziehen.
... *advice that has strongly antagonized many ordinary Frenchmen.* ... Ein Ratschlag, der die/den normalen Franzosen sehr geärgert hat.
... *if you're a Frenchman or a German.* ... wenn man Franzose oder Deutscher ist.

Über das Volk sprechen. Wenn man über ein Volk spricht, verwendet man das Verb in der Mehrzahl, auch wenn die Bezeichnung – wie in der zweiten und vierten Tabelle – kein *s* am Ende hat.
The British are worried about the prospect of cheap imports. Die Briten machen sich Sorgen über billige Importe in der Zukunft.

Mehrzahlformen mit *s*, wie *the Swedes, the Italians* können auch ohne das *the* stehen.
There is no way in which Italians, for example, can be prevented from entering Germany or France to seek jobs. Es gibt keine Möglichkeit, z.B. Italiener daran zu hindern, sich in Deutschland oder Frankreich Arbeit zu suchen.

Der Unterschied zwischen den Wörtern, die auf *s* enden und denen, die nicht auf *s* enden können, ist wichtig. So kann man sagen:
Many Americans assume that the British are stiff and formal. Viele Amerikaner glauben, die Briten seien steif und förmlich.
There were four Germans with Dougal.
Increasing numbers of young Swedes choose to live together rather than to marry.

Aber *many French* oder *four French* oder *young French* kann man nicht sagen. Man muß dann mit *Frenchmen* oder *Frenchwoman* oder *French girls* usw. konstruieren.

Der Name eines Landes oder Staates kann sich auch auf die Einwohner beziehen. Das entsprechende Verb steht in der Einzahlform.

... the fact that <u>Britain has</u> been excluded from these talks. ... die Tatsache, daß Großbritannien von diesen Gesprächen ausgeschlossen wurde.

Wenn es, wie im Falle von *New Zealand* kein entsprechendes Eigenschaftswort gibt, kann diese Bezeichnung vor einem anderen Substantiv stehen.
... the <u>New Zealand</u> government. ... die neuseeländische Regierung.

Die meisten Adjektive kann man mit Bindestrich zusammenfügen, um auszudrücken, daß etwas zwei Staaten betrifft.
... joint <u>German-American</u> tactical exercises. ... gemeinsame deutsch-amerikanische taktische Manöver.
... the <u>Italian-Swiss</u> border. ... die italienisch-schweizerische Grenze.

Es gibt einige Eigenschaftswörter auf *-o*, die nur als erster Teil solcher Kombinationen gebraucht werden.

Anglo- (England or Britain)   Italo- (Italy)
Euro- (Europe)   Russo- (Russia)
Franco- (France)   Sino- (China)
Indo- (India)

... <u>Anglo-American</u> trade relations. ... anglo-amerikanische Handelsbeziehungen.

Sprache. Viele der Eigenschaftswörter sind gleichzeitig auch die Bezeichnung für die jeweilige Sprache.
She speaks <u>French</u> so well.
There's something written here in <u>Greek.</u> Hier steht etwas in Griechisch.

Städte, Regionen. Es gibt eine Reihe von Wörtern, mit denen Personen aus einer bestimmten Stadt oder Gegend bezeichnet werden.
... a 23-year-old <u>New Yorker.</u>
Perhaps <u>Londoners</u> have simply got used to it. Vielleicht haben sich die Londoner einfach daran gewöhnt.
Their children are now indistinguishable from other <u>Californians.</u> Ihre Kinder sind jetzt von anderen Kaliforniern nicht zu unterscheiden.

Entsprechende Adjektive gibt es auch.
... a <u>Glaswegian</u> /ɡlæswiːdʒən/ accent. ... ein Glasgower Akzent
... a <u>Californian</u> beach.

ORTE, ORTSBEZEICHNUNGEN und RÄUMLICHE ANGABEN: *places*

In diesem Abschnitt werden unter anderem Länder- und Städtenamen behandelt, sowie die Ausdrücke, die man benötigt, wenn man räumliche Angaben (im weitesten Sinne) machen will.

Wohnort, Herkunft. Wenn man fragt, wo jemand wohnt, sagt man *Where do you live?* oder *Whereabouts do you live?*
'Where do you live?' – *'I have a little studio flat, in Chiswick.'* ... „Ich habe ein kleines Apartment, in Chiswick."
'Where do you live?' – *'Off Frogstone Road.'* – *'Where's that?'* „Wo wohnen Sie?" – „Nähe Frogstone Road." – „Wo ist das?"

Erkundigt man sich danach, woher jemand kommt (wo er seine Jugend verbracht hat), fragt man *What part of the country do you come from?* Üblich sind auch die Fragen *Where do you come from?* und *Where are you from?* – besonders, wenn man glaubt, der andere komme aus einem anderen Land.
'Where do you come from?' – *'India.'* „Woher kommen Sie?" – „Aus Indien".

Ortsbezeichnungen, Ortsnamen. Die folgende Tabelle gibt eine Übersicht darüber, wie Ortsbezeichnungen im Englischen gebildet werden.
Die Namen mit * sind relativ selten.

Continents Kontinente	Name	Africa Asia
Areas and regions Regionen	'the' + Name Adjectiv + Name 'the' + 'North', 'South', 'East', 'West'	the Arctic the Midlands Eastern Europe North London the East the South of France
Oceans, seas, deserts Ozeane, Meere, Wüsten	'the' + modifier[1] + 'Ocean', 'Sea', 'Desert' 'the' + Name	the Indian Ocean the Gobi Desert the Pacific the Sahara

Countries Staaten	Name *'the' + Art des Staates	France Italy the United States the United Kingdom the Netherlands
Counties and states Grafschaften, Verwal- tungsbezirke, Bundes- staaten	Name *Name + 'County' (US)	Surrey California Butler County
Islands Inseln Groups of islands Inselgruppen	Name Name + 'Island' 'the Isle of' + Name 'the' + modifier[1] + 'Islands', 'Isles' 'the' + Name in der Mehrzahl	Malta Easter Island the Isle of Wight the Scilly Isles the Channel Islands the Bahamas
Mountains Berge Mountain ranges Gebirge	'Mount' + Name Name *'the' + Name 'the' + Name in der Mehrzahl 'the' + modifier[1] + 'Mountains'	Mount Everest Everest the Matterhorn the Andes the Rocky Mountains
Rivers Flüsse	'the' + 'River' + Name 'the' + Name *'the' + Name + 'River' (nicht im brit. Englisch)	the River Thames the Thames the Colorado River
Lakes Seen	'Lake' + Name	Lake Michigan
Capes Kaps	'Cape' + Name *'the' + 'Cape' + 'of' + Name	Cape Horn the Cape of Good Hope
Other natural places Andere geographische Bezeichnungen	'the' + modifier[1] + geogr. Be- zeichnung modifier[1] + geogr. Bezeich- nung 'the' + geogr. Bezeichnung + 'of' + Name	the Grand Canyon the Bering Strait Sherwood Forest Beachy Head the Gulf of Mexico the Bay of Biscay

Towns Städte	Name	London
Buildings and structures Gebäude und Bauten	Name + Gebäude, Einrichtung 'the' + modifier[1] + Gebäude, Einrichtung 'the' + Gebäude + 'of' + Name	Durham Cathedral London Zoo the Severn Bridge the Tate Gallery the Church of St. Mary the Museum of Modern Art
Cinemas, theatres, hotels, pubs Kinos, Theater, Hotels, Pubs	'the' + Name	the Odeon the Bull
Railway stations Bahnstationen	Name Name + 'Station'	Paddington Paddington Station
Streets Straßen	modifier[1] + 'Road', 'Street', 'Drive' etc *'the' + Name *'the' + modifier[1] + 'Street' or 'Road'	Downing Street the Strand the High Street

[1]*Modifier* ist in der englischen Grammatik ein Adjektiv, das vor einem Substantiv steht, aber auch ein Substantiv, das vor einem anderen Substantiv steht und dieses näher bestimmt. In *car door* ‚Autotür' /kɑ: dɔ:/ ist *car* der *modifier*.

Die meisten Ortsbezeichnungen verlangen die Einzahlform des Verbs – auch dann, wenn die Bezeichnungen so aussehen, als hätten sie selbst die Mehrzahlform (wie *The Netherlands; The United States*).
Canada still has large natural forests. Kanada hat immer noch weite ursprüngliche Wälder.
Milan is the most interesting city in the world. Mailand ...
... when the United States was prospering. ... als die Vereinigten Staaten wirtschaftlich stark waren.

Nur die Namen von Inselgruppen und Gebirgszügen verlangen beim Verb die Mehrzahlform.
... one of the tiny Comoro Islands that lie in the Indian Ocean midway between

Madagascar and Tanzania. ... die im Indischen Ozean auf halbem Weg zwischen Madagaskar und Tansania liegen.
The Andes split the country down the middle. Die Anden ...

Ländernamen oder die Namen der Hauptstädte stehen oft für die jeweilige Regierung.
Britain and France jointly suggested a plan. ... schlugen gemeinsam einen Plan vor.
Washington had put a great deal of pressure on Tokyo. ... hatte großen Druck auf Tokio ausgeübt.

Mit Ländernamen oder Gebietsbezeichnungen kann man auch die Leute meinen, die dort wohnen.
Europe was sick of war. Europa hatte endgültig genug vom Krieg.
... to pay for additional imports that Poland needs. ... um zusätzliche Importe, die Polen benötigt, bezahlen zu können.

Siehe auch den Abschnitt „NATIONALITÄTSBEZEICHNUNGEN".

Orte, die für ein größeres Ereignis bekannt sind (wie eine Schlacht oder eine Katastrophe), können für dieses Ereignis stehen.
After Waterloo, trade and industry surged again. Nach (der Schlacht von) Waterloo wuchsen Handel und Industrie rasch wieder.
... the effect of Chernobyl on British agriculture. ... die Auswirkungen (der Katastrophe) von Tschernobyl auf die britische Landwirtschaft.

Ortsnamen können wie Adjektive verwendet werden und direkt vor einem Substantiv stehen.
... a London hotel. ... ein Londoner Hotel/ein Hotel in London

Adverbielle Bestimmungen. „Adverbielle Ortsbestimmungen" sind z.B. *here; over there; in the car; on the table.* Sie stehen im Englischen nach dem Verb, wie in *She was working in the garden* oder *I used to live here.* Hat das Verb ein Objekt, steht die Bestimmung nach dem Objekt, wie in *I bought these books in France.* Bei längeren Bestimmungen ist die Stellung zwischen Verb und Objekt möglich.
Later I discovered in a shop in Monmouth a weekly magazine about horse-riding.

Wenn andere adverbielle Bestimmungen (der Art und Weise, der Zeit) hinzutreten, ist die Reihenfolge: Art und Weise, dann Ort, dann Zeit.
She spoke very well at the village hall last night.

Präpositionen zur Ortsbestimmung. Die wichtigsten Präpositionen um auszudrükken, wo etwas oder jemand ist, sind *at, in* und *on.* Diese drei Präpositionen werden hier etwas ausführlicher dargestellt. Weitere Präpositionen siehe unten.

Für Ortsangaben wird die Präposition *at* folgendermaßen gebraucht.

Wenn man sagt, etwas sei *at (a certain place),* dann ist dies der Ort, an dem etwas ist oder geschieht.

There was a staircase at the end of the hallway. Am Ende der Eingangshalle war eine Treppe.

Only one hospital, at Angal, is functioning. Nur ein Krankenhaus, das in Angal, ist aufnahmebereit.

At kann ein ‚daneben, nahe an' bezeichnen.

The boat was anchored at Westminster Bridge. Das Schiff ankerte an der Westminster Bridge.

Captain Imrie stopped me at the door. ... an der Tür.

At wird für das deutsche „in" verwendet, wenn von Gebäuden die Rede ist, in denen etwas ist oder sich etwas ereignet.

Sometimes we went to concerts at the Albert Hall.

... the exhibition of David Jones' work at the Tate Gallery. ... die Ausstellung der Werke von David Jones in der Tate Gallery.

He lived at 14 Burnbank Gardens, Glasgow.

Wenn Menschen zu irgendeinem Zweck zusammenkommen, entspricht *at* dem deutschen „auf" oder „bei".

He made his remarks at a press conference. ... auf einer Pressekonferenz.

The whole village were out at the funeral. Das ganze Dorf war bei der Beerdigung.

He had a fight at a high school dance.

„Am Tisch, Schreibtisch" ist *at* ... .

I was sitting at my desk reading.

Die Institution, an der ausgebildet wird, wird mit *at* benannt, auch der Arbeitsplatz.

After a year at university, Benn joined the RAF. Nach einem Jahr an der Universität ging Benn zur Royal Air Force.

He had done some acting at school. Während der Schulzeit hatte er etwas Theater gespielt.

I was 27 years at that office.

Die Präposition *in* in Verbindung mit Ländern, Städten drückt aus, wo etwas ist oder stattfindet.
Perth is in Australia.
A swimming pool in England is a luxury thing.

In bezeichnet auch, daß etwas innerhalb einer Fläche ist.
I wanted to play in the garden.
Artichokes are the principal crop in the area. Artischocken sind die hauptsächliche Feldfrucht in dieser Gegend.

Mit *in* wird gesagt, daß etwas in einem Behälter ist, daß etwas oder jemand in Gebäuden, Räumen ist.
Glin was in the bath.
It was the first time I'd ever eaten in a restaurant.
A man was selling roses in cellophane.

In beschreibt auch, daß sich jemand sitzend oder liegend irgendwo befindet und dabei z.B. von Lehnen oder Decken irgendwie „umgeben" ist.
She was at home in bed.

Deutsche Konstruktionen wie „das höchste Gebäude New Yorks", die einen örtlichen Sinn haben – „in New York" – werden mit *in* wiedergegeben: *the tallest building in New York.*

Die Präposition *on* wird gebraucht, wenn etwas (sozusagen) mit seinem Gewicht auf einer Fläche ruht und mit dieser Kontakt hat.
Flora sits on the sofa ... auf dem Sofa.
There was a photograph of a beautiful girl on Daintry's desk.

On bezeichnet auch, daß etwas irgendwo auf einer Fläche ist oder stattfindet.
My father worked on a farm.
The house is on Pacific Avenue.

Mit *on* wird auch gesagt, daß etwas eng mit etwas anderem verbunden ist, in Berührung ist oder Teil davon ist.
... *the posters on the walls.*
On the roof of the cave were several bats. An der Decke der Höhle waren einige Fledermäuse.
... *the buttons on his shirt.* ... die Knöpfe an seinem Hemd.

Hier nun ist eine komplette Liste der Präpositionen, die zur Bestimmung dafür dienen, wo sich jemand oder etwas befindet.

aboard an Bord von; an

about um etwas herum

above über etwas; überhalb, oberhalb von

across gegenüber von

against (gelehnt, gedrückt) gegen

ahead of vor, vorne von etwas

all over an jeder Stelle von etwas

along entlang von etwas, auf der ganzen Länge von etwas

alongside entlang von etwas, auf der ganzen Länge von etwas

amidst mitten in, inmitten von

among mitten in, inmitten von

around um etwas herum

astride rittlings auf

at (siehe oben)

away from weg von

before vor etwas

behind hinter etwas

below unten, unterhalb von etwas

beneath schräg unterhalb; direkt unter etwas

beside neben etwas

between zwischen etwas

beyond jenseits von

by dicht neben

close by nahe

close to nahe

down unten an etwas

in (siehe oben)

in between zwischen etwas

in front of vor etwas

inside innerhalb von etwas

near nahe etwas

near to nahe etwas

next to neben etwas

off neben etwas

on (siehe oben)

on top of auf etwas darauf

opposite gegenüber

out of aus etwas draußen

outside außerhalb von etwas

over über etwas (darüber); gegenüber von

past jenseits von

through durch (etwas durchgehend)

throughout überall in etwas

under unter etwas

underneath direkt unterhalb von etwas

up oben, am oberen Ende von etwas

upon auf etwas

with im Haus von

within innerhalb von etwas

Präpositionen zum Ausdruck der Richtung. Die hauptsächliche Präposition hierzu ist *to*.

I went to the door.

She went to Australia in 1970.

Es ist zu beachten, daß *at* normalerweise nicht gebraucht wird, wenn Richtung oder Ziel einer Person angegeben wird. Das *at* zeigt an, wohin man schaut oder blickt, oder die Richtung, die man einem Gegenstand gibt.

They were staring at a garage roof. Sie blickten gebannt auf das Garagendach.

104

They were throwing stones over the wall <u>at soldiers</u>.

Hier ist eine komplette Liste der Präpositionen zur Richtungsbestimmung. Viele dieser Richtungspräpositionen sind gleich den Präpositionen zur Angabe der Position. Sie werden daher nicht alle mit Übersetzungen versehen. Alle bedeuten ‚in Richtung auf (die genannte Position).'

aboard	*in between*
about	*in front of*
across entlang, quer durch etwas	*inside*
ahead of	*into*
all over	*near*
along	*near to*
alongside	*off*
around	*on*
at	*onto*
away from weg von etwas	*out of*
behind	*outside*
below	*over*
beneath	*past* an etwas vorbei
beside	*round*
between	*through*
beyond	*to*
by	*towards* zu etwas hin
down	*under*
from von etwas weg	*underneath*
in	*up*

Wie gesagt, viele der Präpositionen werden zur Angabe sowohl der Position als auch der Richtung gebraucht.
The bank is just <u>across</u> the High Street. Die Bank ist gegenüber der Hauptstraße.
I walked <u>across</u> the room. Ich ging quer durch das Zimmer.
We live in the house <u>over</u> the road. Wir wohnen in dem Haus gegenüber.
I stole his keys and escaped <u>over</u> the wall. ... und entkam über die Mauer.

Ortsbestimmungen können auch nach einem Substantiv stehen, wie in
The table <u>in the kitchen</u> had a tablecloth over it. Der Tisch in der Küche ...
The driver <u>behind me</u> began hooting. Der Fahrer hinter mir begann zu hupen.

Präpositionen bei Teilen und Flächen. Im folgenden wird kurz erläutert, wie man ausdrückt, an welcher Stelle von etwas sich ein Gegenstand oder eine Person befindet (also z. B. am Ende der Treppe, am Fuß des Berges) und wie ein Teil einer Fläche bezeichnet wird (also z.b. im hinteren Teil).

Die Präpositionen *at, near* und *towards* stehen mit den folgenden Wörtern:

back der hintere Teil

base der tiefer liegende untere Teil

bottom der untere Teil (einer Reihe), der am weitesten entfernte Teil

centre die Mitte

edge der Rand

end das Ende oder die Spitze (von etwas, das lang und schmal ist)

foot der untere Teil

front der vordere Teil

rear der hintere Teil (z.B. von Fahrzeugen, Gebäuden)

side die Seite

top der obere Teil, der am weitesten entfernte Teil

At the bottom of the stairs ... Am unteren Ende der Treppe ...

The old building of University College is near the top of the street. ... oben an der Straße.

He was sitting towards the rear. Er saß ziemlich weit hinten.

Mit *rear* und *side* wird auch *to* gebraucht.

He walked to the rear of the house. Er ging zur Rückseite des Hauses.

There was one sprinkler in front of the statue and one to the side of it. Ein Sprinkler war vor der Statue und einer an der Seite.

On und *to* gehen mit *left* und *right, das in* geht mit *middle.* Vor *edge* kann *on* oder *at* stehen.

The church is on the left and the town hall and police station are on the right. Die Kirche ist links, das Rathaus und die Polizei sind rechts.

To the left were the kitchens and staff quarters. Links waren die Küchen und die Zimmer für die Angestellten.

My mother stood in the middle of the road, watching. Meine Mutter stand mitten in/auf der Straße und sah zu.

He lives on the edge of Sefton Park. Er wohnt am Rand des Sefton Park.

Mit den Himmelsrichtungen geht *to* im Sinne von ‚nach‘ und *in* im Sinne von ‚im‘:

east Osten	*north-west* Nordwesten	*south-west* Südwesten
north Norden	*south* Süden	*west* Westen
north-east Nordosten	*south-east* Südosten	

To the south-west lay the city. Nach Südwesten hin ...
The National Liberation Front forces were still active in the north. ... im Norden.

At ‚an' oder *by* ‚neben' werden mit den folgenden Wörtern gebraucht:

bedside am, neben dem Bett	*poolside* am Schwimmbecken
dockside am Dock	*quayside* am Kai
fireside am (offenen) Kamin	*ringside* am (Box-) Ring
graveside am Grab	*roadside* am Straßenrand
kerbside am Randstein	*seaside* an der Küste
lakeside am See, Seeufer	*waterside* am Fluß-, Seeufer

... sobbing bitterly at the graveside. ... am Grab.
We found him sitting by the fireside. ... neben dem offenen Kamin.

Vor den Wörtern der drei letzten Listen oben steht im allgemeinen *the*.
I ran inside and bounded up the stairs. Wendy was standing at the top. Ich rannte hinein und nahm die Treppe in großen Sprüngen. Wendy stand oben.
To the north are the main gardens.

Mit den Wörtern der ersten Liste (*back* bis *top*) und mit *left, right, bedside* gehen auch *my, your, his, her, its, our* und *their*.
There was a gate on our left leading into a field. ... ein Tor links von uns/zu unserer Linken ...

Es ist zu beachten, daß *in front of* und *on top of* feste Ausdrücke sind, die nur genau so gebraucht werden.
She stood in front of the mirror.
I fell on top of him. Ich fiel auf ihn (drauf).

Adverbien zur Ortsbestimmung. Von solchen Adverbien gibt es eine ganze Menge. Die meisten bezeichnen irgendwie, daß etwas in der Nähe von genannten Orten, Gegenständen oder Personen ist.
Seagulls were circling overhead. Möwen kreisten über uns/über ihnen.
Nearby, there is another restaurant. Es gibt noch ein Restaurant in der Nähe.
This information is summarized below. Diese Information wird unten zusammengefaßt.

aboard an Bord	*nearby* nahe, daneben
about da, vorhanden	*next door* im nächsten Haus
above oben, oberhalb	*off* weg, nicht vorhanden
abroad im Ausland	*offshore* auf dem Meer (nahe der Küste)

ahead davor, weiter vorne
alongside daneben
ashore an der Küste
away weg, nicht vorhanden
behind hinten, dahinter
below unter, unterhalb, in niedrigerer Lage
beneath darunter, unten
beside an der Seite, daneben
beyond drüben, jenseits
close by ganz in der Nähe
close to ganz in der Nähe
down unten
downstairs unten an der Treppe
downstream (weiter) unten am Fluß
here hier
in drinnen
in between
indoors im Haus
inland im Landesinneren
inside in ... drin
near nahe

opposite gegenüber
out of doors außerhalb (eines Gebäudes), draußen
outdoors außerhalb (eines Gebäudes), draußen
outside außerhalb (in der Nähe eines Gebäudes)
over gegenüber, drüben
overhead senkrecht über, oberhalb
overseas im Ausland (jenseits des Meeres)
round um ... herum
there da, dort
throughout überall
underfoot unter den Füßen
underground unter der Erdoberfläche
underneath unterhalb, drunten
underwater unter Wasser
up oben, droben
upstairs oben an der Treppe
upstream (weiter) oben am Fluß

Einige dieser Adverbien geben an, wie groß die Fläche ist, für die das Gesagte gilt.

globally auf der gesamten Erde, global
internationally international
locally örtlich, am Ort
nationally im Inland

universally überall
widely an vielen Orten
worldwide weltweit

Everything we used was bought <u>locally.</u> ... am Ort.
Western culture was not <u>universally</u> accepted.

Die Adverbien *deep, far, high* und *below* (die Entfernung oder eine Lage angeben) werden meist nicht für sich alleine gebraucht, sondern mit zusätzlichen Bestimmungen versehen.
Many of the eggs remain buried <u>deep among the sand grains.</u> Viele der Eier bleiben tief im Sand vergraben.
One plane, flying <u>very low,</u> swept back and forth.

Adverbien zur Bestimmung der Richtung. Das sind Adverbien wie in den folgenden Beispielen.

They went <u>downstairs</u> hand in hand. Sie gingen Hand in Hand die Treppe hinunter.
Go <u>north</u> from Leicester Square up Wardour Street. Gehen Sie vom Leicester Square nach Norden die Wardour Street hinauf.
She walked <u>away.</u> Sie ging weg.

Hier ist eine Liste der wesentlichen Adverbien.

aboard an Bord
abroad ins Ausland
ahead nach vorne
along entlang
anti-clockwise entgegen dem Uhrzeigersinn
around rund ... um
ashore an Land
back zurück
backwards nach hinten
clockwise im Uhrzeigersinn
close nahe hin
down hinunter
downstairs die Treppe hinunter
downtown in die Stadtmitte
downwards abwärts
east nach Osten
eastwards nach Osten
forwards vorwärts, nach vorne
here hierher
home nach Hause
homeward in Richtung nach Hause
in hinein
indoors ins Haus
inland ins Landesinnere

inside (ins Innere) hinein
inwards hinein
left (nach) links
near nahe an
next door zum nächsten Haus
north nach Norden
northwards nach Norden
on weiter (vor)
onward weiter (vor)
outdoors aus dem Haus heraus
outside nach draußen
overseas (irgendwohin) über dem Meer
right (nach) rechts
round rund ... um
sideways zur Seite
skyward himmelwärts
south nach Süden
southwards nach Süden
there dorthin
underground unter die Erdoberfläche
up hinauf
upstairs die Treppe hinauf
upwards nach oben
west nach Westen
westwards nach Westen

Adverbien zur Bestimmung von Ort und Richtung können auch nach Substantiven stehen.
... a small stream that runs through the sand to the ocean <u>beyond.</u> ... hinüber zum Ozean.
My suitcase had become damaged on the journey <u>home.</u> ... auf der Heimreise.

Einige (siehe die folgende Liste) können vor Substantiven stehen.
... an <u>underground</u> car park ... eine Tiefgarage

There will be some variations in your heart rate as you encounter <u>uphill</u> stretches or increase your pace on <u>downhill</u> sections. Ihr Puls wird sich ändern, wenn sie Strecken bergauf gehen oder bergab schneller gehen.

Die Liste:

anticlockwise	*inside*	*underground*
backward	*nearby*	*underwater*
clockwise	*northward*	*uphill*
downhill	*outside*	*upstairs*
downstairs	*overhead*	*westward*
eastward	*overseas*	
inland	*southward*	

anywhere, everywhere, nowhere, somewhere. *everywhere* ist ‚überall‘ oder ‚überallhin‘.
There were bicycles <u>everywhere</u>. Überall waren Fahrräder.

somewhere und *anywhere* ist ‚irgendwo‘ oder auch ‚irgendwohin‘.
No-one can find Howard or Barbara <u>anywhere.</u> Niemand kann Howard oder Barbara irgendwo finden.
I thought I'd seen you <u>somewhere.</u> Ich dachte, ich hätte Sie schon irgendwo gesehen.

Der Unterschied zwischen *somewhere* und *anywhere* ist der folgende: In Sätzen mit einer Verneinung (wie oben *No-one*) steht *anywhere*. Daher auch: *I can't find my hat anywhere* ‚Ich kann meinen Hut nirgends finden.‘ Ansonsten hängt die Wahl zwischen *anywhere* und *somewhere* davon ab, welche Erwartung man in Fragen hat. Erwartet man die Antwort *yes,* verwendet man *somewhere.* Wenn man sowohl mit der Antwort *yes* als auch mit *no* rechnet, können beide stehen (genauer gesagt, irgendeines der beiden).
Are you taking a trip <u>somewhere?</u> Fährst du irgendwo hin?
Would there be a file on me <u>somewhere?</u> Gäbe es da eine Akte über mich irgendwo?
Is there an ashtray <u>anywhere?</u> Gibt es hier irgendwo einen Aschenbecher?

Nowhere ist ‚nirgendwo‘ oder ‚nirgends‘ bzw. ‚nirgendwohin‘.
I was to go <u>nowhere</u> without an escort. Ich sollte nirgendwohin ohne Begleitung gehen.

In der geschriebenen Sprache kann *nowhere* auch am Satzanfang stehen. Dann muß aber umgestellt werden, wie immer, wenn ein Negationswort am Anfang steht.
<u>Nowhere have I</u> seen any serious mention of this. Ich habe es nirgends ernsthaft diskutiert gefunden.

110

Nowhere are they overwhelmingly numerous. Nirgends treten sie überwältigend zahlreich auf.

Nach *anywhere, somewhere* und *nowhere* kann ein *to*-Infinitiv stehen, um anzugeben, was irgendwo oder nirgends getan wird.

I couldn't find anywhere to put it. Ich konnte keinen Platz finden, um es hinzulegen.

We mentioned that we were looking for somewhere to live. Wir erwähnten, daß wir etwas suchten, um dort zu wohnen.

There was nowhere for us to go. Wir konnten nirgends hin.

Nach diesen Adverbien kann auch ein Relativsatz stehen.

I could go anywhere I wanted. Ich konnte gehen, wohin ich wollte.

Everywhere I went, people were angry or suspicious. Überall, wo ich hinging, waren die Menschen entweder verärgert oder mißtrauisch.

Mit *else* nach diesen Adverbien wird ausgedrückt, daß es sich um einen anderen oder weiteren Ort bzw. eine andere Richtung handelt.

We could hold the meeting somewhere else. Wir könnten das Treffen woanders abhalten.

More people die in bed than anywhere else. Mehr Leute sterben im Bett als irgendwo sonst.

Statt *somewhere else* kann man auch *elsewhere* sagen.

It was obvious that he would rather be elsewhere. Es war offensichtlich, daß er lieber woanders gewesen wäre.

This gesture is popular in Europe and elsewhere. Diese Geste ist in Europa und auch anderswo weit verbreitet.

Einen RATSCHLAG geben:
advising someone

Je nach der Situation gibt es eine Reihe von Möglichkeiten, einen Ratschlag zu formulieren.

In der Unterhaltung mit Bekannten, Freunden oder in informellen Briefen kann man einen Rat mit *I should, I would* oder mit *I'd* beginnen, entsprechend dem deutschen „Ich würde ...."

111

I should bring a sleeping bag if you want a good night's rest. Ich würde einen Schlaf-sack mitnehmen, wenn du gut schlafen willst.
I would have a word with him about it. Ich würde mal mit ihm darüber reden.
I'd buy tins of one vegetable rather than mixtures. Ich würde eher eine Dose mit nur ei-nem Gemüse kaufen statt mit Mischgemüse.

Man kann den Rat mit *if I were you* verstärken ('Wenn ich du/Sie wäre, an deiner/eurer/ Ihrer Stelle').
If I were you, I'd just take the black one.
I should let it go if I were you. Ich würde mich nicht weiter darum kümmern, an deiner Stelle.

Man kann auch mit *You ought to* oder mit *You should* einleiten. Meist sagt man dann aber zuerst noch *I think*, damit es nicht allzu nachdrücklich klingt.
You should explain this to him at the outset. Du solltest ihm dies von vornherein erklä-ren.
I think you should go to the police and tell them the truth.
I think maybe you ought to try a different approach. Ich meine, Sie sollten es vielleicht einmal mit einer anderen Methode versuchen.

Um dem anderen zu sagen, was er am besten macht oder was er sich aussuchen soll, kann man (im zwanglosen Gespräch) *Your best bet is ...* oder *... is your best bet* verwen-den.
Well, your best bet is to go to Thomas Cook in the High Street. Am besten gehst du zu Thomas Cook ....
I think Boston's going to be your best bet. Boston ist, glaube ich, das Beste.

Wichtigere Ratschläge. Einen wichtigeren Rat – besonders, wenn man selbst kompe-tent ist und etwas zu sagen hat – kann man mit *You'd better* beginnen.
You'd better write it down. Schreib das lieber auf.
You'd better get a job. Such dir lieber einen Job.
Perhaps you'd better listen to him. Es wäre gut, wenn du auf ihn hören würdest.
I think you'd better go in and have a sit down. Ich glaube, du solltest lieber reinkommen und dich setzen.

Wenn man jemanden gut kennt (aber auch nur dann), kann man einen Rat auch in der Befehlsform formulieren.
That's one of the nicest girls I've met for a long time. Make sure you don't lose her. ... Paß auf, daß ....

112

Take no notice of him, Mr Swallow. Nicht weiter beachten ....
'We have nothing about this from our Department,' he said. 'Well, phone your Minister,'
I said. ... „Dann rufen Sie eben Ihren Minister an", sagte ich.

Man kann auch die Befehlsform verwenden und dann mit *and* formulieren, wozu der Rat
gut ist (oder mit *or* formulieren, wozu es führt, wenn der Rat nicht befolgt wird).
Stick with me and you'll be okay. Halte dich an mich, und dann passiert dir nichts.
Now hold onto the chain, or you'll hurt yourself. Jetzt halte die Kette fest, sonst verletzt
du dich.

Die Befehlsform wird auch von Fachleuten verwendet, wenn sie sagen, wie man etwas
tun soll, siehe unten „Fachlicher Rat".

Ernster Rat. Einen ernsten und förmlichen Rat leitet man mit *I advise you to* ein.
'What shall I do about it?' – 'I advise you to consult a doctor, Mrs Smedley.' „Was kann
ich da tun?" – „Ich rate Ihnen, einen Arzt aufzusuchen ...."
If you have never used explosives I strongly advise you to get somebody who has used
them to come and help you the first time. Wenn Sie vorher nicht mit Sprengstoffen zu tun
hatten, rate ich Ihnen dringend, jemanden kommen zu lassen, der damit umgehen und
Ihnen beim ersten Mal helfen kann.

Mit *You must* beginnt man einen Ratschlag, der zu befolgen ist.
You must tell the pupils what it is you want to do, so that they feel involved. Sie müssen
den Schülern sagen, was Sie vorhaben, damit sie mitmachen.
You must learn to remain calm. Sie müssen lernen, wie man ruhig und überlegt bleibt.

Fachlicher Rat. Diese Art von Rat oder Anweisung findet man vor allem in Büchern,
Artikeln oder Rundfunk- und Fernsehsendungen.
Solche Ratschläge werden normalerweise mit der Befehlsform ausgedrückt.
If you are left with a nasty burnt mess in your saucepans, try soaking them overnight in
lukewarm water and detergent. Wenn Ihre Pfannen stark eingebrannt sind, versuchen
Sie es mit Einweichen über Nacht in lauwarmem Wasser mit Spülmittel.
Clean one room at a time. Ein Zimmer nach dem andern saubermachen.
If you don't have a freezer, keep bread in a dry, cool, well-ventilated bin. Wenn man
keinen Tiefkühlschrank hat, bewahrt man Brot in einem trockenen, kühlen und luft-
durchlässigen Behälter auf.
Make sure you get out all weed roots and grass. Achten Sie darauf, alles Unkraut mit der
Wurzel und alles Gras zu entfernen.

Schriftliche fachliche Ratschläge und solche in Sendungen werden oft mit *It's a good idea to* (‚Es empfiehlt sich') eingeleitet.

It's a good idea to get a local estate agent to come and value your house. Es empfiehlt sich, einen örtlichen Makler kommen zu lassen, der das Haus schätzen kann.

Fachleute mit dem entsprechenden Wissen sagen auch *My advice is* oder *My advice would be* (‚Ich rate Ihnen' oder ‚Wenn Sie mich fragen').

My advice would always be: find out what the local people consider good to eat in your locality and eat that. Ich würde Ihnen stets raten: Richten Sie sich nach den Leuten am Ort und essen Sie, was diese essen.

Manchmal wird ein Rat auch mit *A word of advice* (‚ein Rat') begonnen.

A word of advice to house buyers: check that the roof doesn't leak. Ein Rat für Hauskäufer: überprüfen Sie, ob das Dach dicht ist.

Siehe auch die Abschnitte „Jemanden WARNEN" und „VORSCHLÄGE machen".

REAKTIONEN (Überraschung, Freude, Erleichterung, Mitgefühl): *reactions*

Ausrufe. Ausrufe können aus einem einzigen Wort, einer Wortgruppe oder aus einem Satz bestehen.

Wonderful!

Oh dear! Ach du meine Güte!

That's awful! Schrecklich!

'how'. Ausrufe kann man auch mit *how* oder *what* beginnen. Nach *how* steht meist nur ein Adjektiv.

'She has a flat here as well.' – 'How nice!' „Sie hat hier auch eine Wohnung." – „Wie schön!"

'To my surprise, I found her waiting for me at the station.' –'How kind!' ... „Wie nett von ihr!"

'what'. *what* wird folgendermaßen verwendet:

'I'd have loved to have gone.' – 'What a shame!' ... „Wie schade!"

'... and then she died in poverty.' – 'Oh dear, *what a tragic story.*' ... „Was für eine tragische Geschichte!"
What a marvellous idea! „Tolle Idee!"
What rubbish! „Was für ein Blödsinn!"
What fun! „Was für ein Spaß!"

Hinweis. Bei Substantiven, die prinzipiell eine Mehrzahlform haben können, muß nach dem *what* dann *a* bzw. *an* stehen. Es heißt also *What an extraordinary experience!* (und nicht *What extraordinary experience!*).

Einen Ausruf mit *What* ... kann man auch mit *to say* oder *to do* weiterführen.
'If music dies, we'll die.' – *'What an awful thing to say!'* „Wenn die Musik stirbt, sterben auch wir." – „Wie kann man nur so etwas Scheußliches sagen!"
What a terrible thing to do! Wie kann man nur so etwas Schreckliches tun!

Ausrufe in der Frageform. Fragen mit *Isn't that* werden ebenfalls als Ausrufe verwendet. (Bei diesen Ausrufen geht man aber mit der Stimme nicht nach oben.)
'University teachers seem to me far bolder here than they are over there.' – *'Isn't that interesting.'*
'It's one they don't make any more.' – *'Oh, isn't that sad!'*
'It was a big week for me. I got a letter from Paris.' – *'Oh, isn't that nice!'*

Einige übliche andere Ausrufe haben ebenfalls eine Frageform. Auch hier geht man mit der Stimme nicht nach oben.
Alan! Am I glad to see you! ... Bin ich froh, dich zu sehen!
Well, would you believe it. They got their motor fixed. ... Kaum zu glauben! Ihr Motor ist repariert.
'How much?' – *'A hundred million.'* – *'Are you crazy?'* ... „Du bist wohl verrückt!"

Überraschung oder Interesse zeigen. Überraschung oder Interesse bekundet man mit *Really?* oder *What?* oder Ausdrücken wie *Good heavens* oder *Good grief*.
'It only takes 35 minutes from my house.' – *'Really? To Oxford Street?'* ... „Wirklich?/ Tatsächlich?"...
'He's gone to borrow John Powell's gun.' – *'What?'*
Good heavens, is that the time? Meine Güte, ist es schon so spät?
'What's happened?' – *'Good grief! You mean you don't know anything about it?'* „Was ist passiert?" – „Mein Gott, willst du damit sagen, daß du nicht weißt, was los ist?"

Die Ausdrücke *Good Lord; Goodness; My goodness; Good gracious* werden zwar noch verwendet, sind aber ziemlich veraltet.
'You might see a boy aged four working seven or eight hours a day.' – 'Good Lord.'
My goodness, this is a difficult one.

Die Ausdrücke *Good God* und *My God* zeigen eine starke Überraschung an. Man sollte vorsichtig mit ihnen umgehen, besonders weil religiöse Menschen sie als unangebracht empfinden könnten.
'I haven't set eyes on him for seven years.' – 'Good God.'
My God, what are you doing here?

Für Interesse oder Überraschung kann man auch eine kurze Frage in der Form der *question tags* verwenden.
'He gets free meals.' – 'Does he?' „Er kann umsonst essen." – „Wirklich?"
'They're starting up a new arts centre there.' – 'Are they?'
'I had a short story in Varsity last week.' – 'Did you? Good for you.' „Eine Kurzge-schichte von mir ist letzte Woche in „Varsity" veröffentlicht worden." – „Tatsächlich? Meinen Glückwunsch."

Große Überraschung zeigt man, wenn man dem anderen widerspricht (obwohl man ihm glaubt).
'I just left him there and went home.' – 'You didn't!' „Ich habe ihn einfach stehen las-sen und bin gegangen." – „Das hast du getan?"

Überraschung oder Verärgerung signalisiert man, wenn man Teile des vom anderen Gesagten wiederholt bzw. so tut, als habe man vielleicht nicht verstanden.
'Could you please come to Ira's right now and help me out?' –'Now? Tonight?' „Könn-test du bitte jetzt gleich zu Ira kommen und mir helfen?" – „Jetzt gleich? Heute abend?"
'I've never been to America.' – 'You haven't?' ... – „Wirklich nicht?"

That's oder *How* mit einem Adjektiv wie *strange* oder *interesting* sind ebenfalls mög-lich.
'Is it a special sort of brain?' – 'Probably.' – 'Well, that's interesting.'
'He said he hated the place.' – 'How strange! I wonder why.'
'They sound somehow familiar.' – 'They do? How interesting.'

Es gibt auch ganz kurze Kommentare wie *strange* oder *odd* und *funny* ‚merkwürdig', *interesting* ‚interessant' und *extraordinary*.
'They both say they saw it.' – 'Mmm. Interesting.'

Oder *'What a surprise'* „Was für eine Überraschung"!
Tim! Why, <u>what a surprise!</u>
'Flick? How are you?' – 'Oh, Alan! <u>What a surprise to hear you!</u> Where are you?'

In zwanglosen Situationen kann man auch *No!* verwenden oder Ausdrücke wie *You're joking!* ‚Du machst wohl Witze!' oder *I don't believe it!* ‚Nicht zu glauben!'
'Gertrude's got a new boyfriend!' – <u>'No!</u> Who is he?' – 'Tim Reede!' – 'You mean the little painter chap? <u>You're joking!</u>' „Gertrude hat einen neuen Freund!" – „Nein! Wen denn?" – „Tim Reede!" – „Du meinst den kleinen Maler? Du machst wohl Witze!"

You're kidding ist ein umgangssprachlicher Ausdruck für *You're joking.*
'I passed the exam.' – <u>'You're kidding.'</u> „Ich habe die Prüfung bestanden." – „Das gibt's doch nicht!"

Einige verwenden auch *Fancy* (mit folgender *-ing*-Form), um Überraschung auszudrük- ken.
<u>*Fancy seeing* you here!</u> Na sowas! Was machst du denn hier!

In formellen Situationen kann man z.B. *I find that very interesting* verwenden.

Freude. Freude oder angenehme Überraschung formuliert man mit *That's great!* oder *That's wonderful!* oder nur mit dem jeweiligen Adjektiv.
'I've arranged the flights.' – 'Oh, <u>that's great.'</u> ... „Prima!/Fein!/Wunderbar!"
'Today we had the final signing. We can drink champagne morning, noon, and night, for the rest of our lives.' – <u>'That's wonderful.'</u> „Heute war die endgültige Unter- zeichnung. Jetzt können wir Champagner trinken, morgens, mittags und abends, für den Rest unseres Lebens." – „Das ist ja toll."

Oder mit *How marvellous!*, auch mit *How wonderful!* und ähnlich.
'I'll be able to stay for a week.' – <u>'How marvellous!'</u>
'I've just spent six months in Italy.' – <u>'How lovely!'</u>
'She has a large flat in Rome, and a flat in London as well.' – <u>'How nice.'</u>
Oh, Robert, <u>how wonderful to see you.</u> ... wie schön, Dich zu sehen.

(*How great!* sagt man aber nicht.)

Isn't that nice! oder *Isn't that wonderful!* wird auch verwendet, aber nicht mit der Frageintonation.
'The children always do the washing up. They love to.' – 'Well, <u>isn't that nice.</u> You don't see it much any more.' „Die Kinder machen immer den Abwasch. Das machen sie ger- ne." – „Das ist aber schön! So was sieht man heutzutage nicht oft."

In formellen Situationen formuliert man mit *I'm glad to hear it* oder *I'm pleased to hear it* oder *I'm delighted to hear it*.
'He saw me home, so I was well looked after.' – *'I'm glad to hear it'*. „Er brachte mich nach Hause, es konnte mir also nichts passieren." – „Gut zu hören."

Diese Ausdrücke verwendet man auch, um scherzhaft zu sagen, daß man sich gewundert oder geärgert hätte, wenn etwas nicht der Fall gewesen wäre.
'I have a great deal of respect for you.' – *'I'm delighted to hear it!'* „Ich schätze dich sehr." – „Freut mich, das zu hören."

Und schließlich drückt man Freude aus mit *That is good news* (mit betontem *is*) oder mit *That's wonderful news*.
'My contract's been extended for a year.' *'That is good news.'* „Mein Vertrag ist um ein Jahr verlängert worden." – „Das ist eine gute Neuigkeit."

Erleichterung. Erleichterung über eine Nachricht formuliert man z.B. mit *Oh good* oder *That's all right then*, auch mit *That's a relief* und *What a relief*.
'I think he will understand.' – *'Oh good.'* „Ich glaube, er wird es verstehen." – „Ach, gut."
'They're all right?' – *'They're perfect.'* – *'Good, that's all right then.'* „Ist alles in Ordnung mit ihnen?" – „Völlig." – „Ach, das ist gut."

Große Erleichterung signalisieren *Thank God; Thank goodness; Thank God for that; Thank heavens for that*.
'He's arrived safely in Moscow.' – *'Thank God.'*
Thank God you're safe! Gott sei Dank, du bist gerettet!
'I won't bore you with my views on smoking.' – *'Thank heavens for that!'* Ich will dich mit meinen Ansichten über das Rauchen nicht langweilen." – „Da bin ich aber froh."

In formellen Situationen sollte man formulieren *I'm relieved to hear it*.
'Is that the truth?' – *'Yes.'* – *'I am relieved to hear it!'* „Ist das die Wahrheit?" – „Ja." – „Ich bin erleichtert, das zu hören."
'I certainly did not support Captain Shays.' – *'I am relieved to hear you say that.'*

Verärgerung. Wenn man über etwas verärgert ist, kann man mit *Oh no* oder *bother* reagieren. *Bother* ist ein wenig altmodisch.
'Michael's fallen off his bike.' – *'Oh no, not again!'* „Michael ist vom Rad gefallen." – „Nein, nicht schon wieder".
'Bother!' – *'What?'* – *'My watch has stopped.'* „Zu dumm." – „Was ist?" – „Meine Uhr ist stehengeblieben."

118

Zum Ausdruck der Verärgerung werden oft Fluchwörter gebraucht. Die Wörter *blast; damn; hell* sind die milderen. Aber selbst diese sollte man nicht verwenden, wenn man mit Leuten zusammen ist, die man nicht gut kennt.

Damn. It's nearly ten. I have to get down to the hospital.
'It's broken.' – 'Oh, hell!'

What a nuisance oder *That's a nuisance* kann man aber schon sagen.
He'd just gone. What a nuisance! Er war gerade gegangen. Wie dumm!/Wie ärgerlich!

Einige der Ausdrücke, mit denen man sonst angenehme Überraschung oder Erleichterung bekundet, werden sarkastisch auch für „Verärgerung" gebraucht. Die Art, wie das dann gesprochen wird, macht meist klar, daß man nicht gerade erfreut ist.
'I phoned up about it and they said it's a mistake.' – 'Marvellous.' „Ich habe deswegen angerufen und sie haben gesagt, es sei ein Versehen gewesen." – „Na wunderbar!"

Enttäuschung und Unangenehmes. *Oh dear* entspricht in etwa dem deutschen „Oh weh; Ach je".
'We haven't got any results for you yet.' – 'Oh dear.'
Oh dear, I wonder what's happened.

Die Ausdrücke *That's a pity; That's a shame; What a pity; What a shame* oder einfach *Pity* sind ungefähre Entsprechungen von deutsch „Wie schade" oder „Schade".
'They're going to demolish it.' – 'That's a shame. It's a nice place.'
'Perhaps we might meet tomorrow?' – 'I have to leave Copenhagen tomorrow, I'm afraid. What a pity!'
'Why, Ginny! I haven't seen you in years.' – 'I haven't been home much lately.' – 'What a shame.'
'Do you play the violin by any chance?' – 'No.' – 'Pity. We could have tried some duets.'

Oder man sagt *That's too bad.*
'We don't play that kind of music any more.' – 'That's too bad. David said you were terrific.' „Wir machen diese Art von Musik nicht mehr." – „Zu schade. David sagte, ihr seid super."

Der Ausruf *Oh no!* signalisiert große Enttäuschung.
'Johnnie Frampton has had a nasty accident.' – 'Oh no! What happened?'

Mitgefühl. Wenn jemand davon berichtet, daß ihm etwas Schlechtes oder Unangenehmes widerfahren ist, kann man das mitfühlend mit *Oh dear,* auch mit *How awful* oder *How annoying* (oder ähnlich) kommentieren.

'First of all, it was pouring with rain.' – 'Oh dear.' „Zunächst einmal hat es gegossen." – „Du meine Güte."

'He's ill.' – 'How awful. So you aren't coming home?' „Er ist krank." – „Oh je. Du kommst also nicht heim?"

'We couldn't even see the stage.' – 'Oh, how annoying.' „Wir konnten nicht einmal die Bühne sehen." – „Wie ärgerlich!"

Natürlich kann man auch Ausdrücke wie *What a pity* oder *What a shame* nehmen (siehe oben).

'It took four hours, there and back.' – 'Oh, what a shame.'

Formell kann man Mitgefühl ausdrücken mit *I'm sorry to hear that.*

'I was ill on Monday.' – 'Oh, I'm sorry to hear that.' ... „Oh, das tut mir leid."

'I haven't heard from him for over a week.' – 'I'm sorry to hear that.'

Wenn von etwas Ernstem berichtet wird (z.B. von einer schweren Krankheit oder jemandes Tod), reagiert man mit *I'm so sorry.*

'You remember Gracie, my sister? She died last autumn.' – 'Oh, I'm so sorry.'

Unangenehme Neuigkeiten kann man, umgangssprachlich, mit *That's terrible* kommentieren.

'My wife's just been sacked.' – 'That's terrible.' „Meine Frau ist gerade entlassen worden." – „Das ist ja schrecklich."

Hat jemand etwas nicht erreicht oder geschafft, sagt man *Bad luck* oder *Hard luck* oder *Tough luck* (‚Pech', ‚So ein Pech'), um anzudeuten, daß der andere keine Schuld an dem Mißerfolg hatte. Für einen zweiten Versuch kann man anderen oder sich selbst *Better luck next time* wünschen, ‚nächstes Mal mehr Erfolg'.

Tough luck, Barrett. You played a great game. Wirklich Pech, Barrett. Du hast hervorragend gespielt.

Well, there we are, we lost this time, but better luck next time. Naja, da haben wir's, wir haben verloren. Beim nächsten Mal wird's besser.

REISEN und VERKEHR: transport

Präpositionen. Für das deutsche „mit" („mit dem Bus, Zug, Rad") sagt man meist *by*.
Most visitors to these parts choose to travel by bicycle.
I never go by car.
It is cheaper to travel to London by coach. Nach London zu fahren ist billiger mit dem Bus.

Nach dem *by* steht kein *the, a* oder *an*. Es heißt *I never go by car* (‚Ich fahre nie mit dem Auto') – also nicht *I never go by a car*. Und wenn man das Fahrzeug näher beschreibt, verwendet man *by* auch nicht. Man sagt nicht *I came by Tom's car*, sondern *I came in Tom's car*.

„Zu Fuß" ist *on foot*.
They'd have to go on foot.

Auch die Präposition *in* kann man verwenden, wenn man mit einem normalen Personenwagen, einem Taxi, Krankenwagen, Lastwagen, einem kleinen Schiff fährt oder mit einem kleinen Flugzeug fliegt. Im Zusammenhang mit diesen Fahrzeugen ist ‚hinein' dann *in* oder *into*, und ‚heraus' dann *out of*.
I always go back in a taxi.
She and Oliver were put into a lorry.
I saw that he was already out of the car. Ich sah, daß er schon aus dem Auto war.

Aber: wenn von anderen Verkehrsmitteln die Rede ist, genauer, von regelmäßig verkehrenden Bussen (*buses*), Reisebussen (*coaches*), Zügen, größeren Schiffen und Flugzeugen, dann werden meist zum Betreten *on* bzw. *onto* gebraucht, und *off* beim Verlassen.
... your trip on planes, ships and cross-channel ferries. ... mit Flugzeugen, auf Schiffen oder Kanalfähren.
He got onto the bus and we waved until it drove out of sight.
Sheila looked very pretty as she stepped off the train. ..., als sie aus dem Zug stieg.

Allerdings: können auch *in, into* und *out of* im Zusammenhang mit den gerade erwähnten größeren Verkehrsmitteln verwendet werden.

Wenn jemand eines dieser größeren Verkehrsmittel benützt, dann ist er *aboard* oder *on board* (besonders bei Flugzeugen und Schiffen).
He fled the country aboard a US Air Force plane. Er floh aus dem Land an Bord einer Maschine der US-Luftwaffe.

Verben. Für das Betreten oder Verlassen von Fahrzeugen (einschließlich Schiffen und Flugzeugen) wird als Verb *get* verwendet, mit der entsprechenden Präposition *on* bzw. *off*.
Then I stood up to get off the bus. Dann stand ich auf, um den Bus zu verlassen.
They got on the wrong train. Sie stiegen in den falschen Zug.

Die Verben *board, embark* und *disembark* gehören zur offiziellen, amtlichen Sprache.
board bezeichnet das Betreten von Bussen, Zügen, großen Flugzeugen und Schiffen.
... so that he could be the first to board the plane.

embark ist ‚einschiffen‘, *disembark* ‚ausschiffen‘.
Even before they embarked on the ferry at Southampton she was bored. Sie langweilte sich, noch bevor sie auf der Fähre in Southampton waren.
... as they disembarked from the QE2 after their trip. ... als sie die Queen Elizabeth II nach ihrer Reise verließen.

Wenn man mit öffentlichen Verkehrsmitteln (auch Taxis) fährt, kann man *take* statt *go by* sagen, also *I'll take a bus* statt *I'll go by bus*.
We then took a boat downriver. Dann bestiegen wir ein Schiff flußabwärts.
'I could take a taxi,' I said.

TAGE, DATUM, ZEITABSCHNITTE:
days and dates

In diesem Abschnitt wird behandelt, wie man ausdrückt, an welchem Tag, in welchem Monat oder Jahr etwas geschieht oder geschehen ist. Die Reihenfolge: Tag, Monat, Jahr, Datum, Jahreszeit, Jahrzehnt, Jahrhundert. Anschließend werden die jeweiligen Präpositionen behandelt (*on Friday, at Christmas*), dann, wie man Ereignisse und Zeit in Beziehung setzt und schließlich, wie man ausdrückt, daß etwas regelmäßig der Fall ist.
Zu Uhrzeit und Tageszeit siehe den Abschnitt „UHRZEIT und TAGESZEIT".

Tage. Die sieben Tage in einer Woche (*days of the week*) sind

Monday	*Wednesday*	*Friday*	*Sunday*
Tuesday	*Thursday*	*Saturday*	

122

Die Bezeichnungen für diese Tage beginnen mit einem großen Buchstaben. Gewöhnlich werden sie ohne den bestimmten oder unbestimmten Artikel gebraucht.
I'll send the cheque round on __Monday.__ Ich schicke den Scheck am Montag.
Why didn't you come to the meeting on __Wednesday?__ Warum bist du zu unserem Treffen am Mittwoch nicht gekommen?

Wenn man sich auf einen der Tage aber ganz allgemein bezieht, setzt man *a* davor.
It is unlucky to cut your nails on __a Friday.__ Es bringt Unglück, wenn man sich an einem Freitag die Nägel schneidet.

Will man sagen, daß etwas an einem Tag einer bestimmten Woche geschah oder geschieht – besonders im Gegensatz zu anderen Tagen –, dann setzt man *the* davor.
He died on __the Friday__ and was buried on __the Sunday.__ Er starb an dem Freitag (dieser Woche) und wurde an dem Sonntag (dieser Woche) beerdigt.
We'll come and see you on __the Sunday.__ Wir besuchen dich dann am Sonntag.

Samstag und Sonntag zusammen werden oft als *the weekend* /wi:kend/ bezeichnet, die anderen Tage sind *weekdays* /wi:kdeɪz/.
I went down and fetched her back at __the weekend.__
The Tower is open 9.30 to 6.00 on __weekdays.__

Allerdings wird der Samstag manchmal als *weekday* bezeichnet.

Wenn man sagt, daß etwas *during the week* geschieht, meint man die fünf Tage von Montag bis Freitag.
They used to spend the whole Sunday at chapel but most of them behaved shockingly __during the week.__ Sie verbrachten immer den ganzen Sonntag in der Kirche, aber die meisten führten sich die Woche über fürchterlich auf.

Besondere Tage. Einige Tage haben besondere Bezeichnungen.
New Year's Day (1st January) Neujahr, Neujahrstag
St Valentine's Day (14th February) Valentinstag
Good Friday (not fixed) (beweglich) Karfreitag
Easter Sunday (not fixed) (beweglich) Ostersonntag
Easter Monday (not fixed) (beweglich) Ostermontag
Whitsun /wɪtsən/ *(not fixed)* (beweglich) Pfingsten
Hallowe'en (31st October) der Abend vor Allerheiligen
Christmas Eve (24th December) Heiligabend
Christmas Day (25th December) 1. Weihnachtsfeiertag

Boxing Day (26th or 27th December) der 26. Dezember (wenn dieser ein Sonntag ist, ist *Boxing Day* am 27. Dezember)
New Year's Eve (31st December) Silvester

Monate. Die Monatsnamen sind

January	*May*	*September*
February	*June*	*October*
March	*July*	*November*
April	*August*	*December*

Auch die Monatsnamen beginnen mit einem großen Buchstaben.
I wanted to leave in <u>September.</u>

Anfang, Mitte und Ende eines Monats kann man mit *early* bzw. *mid* bzw. *late* bezeichnen. (*middle* geht nur in der Konstruktion *the middle of* und Monatsname.)
I should very much like to come to California in <u>late September</u> or <u>early October.</u> Ich würde sehr gern Ende September oder Anfang Oktober nach Kalifornien kommen.
We must have five copies by <u>mid February.</u> Wir müssen vor Mitte Februar fünf Kopien haben.
... the middle of December ...

Jahre. Die Jahreszahl spricht man normalerweise in zwei Teilen. „*1970*" spricht man als *nineteen seventy*, „*1820*" als *eighteen twenty*. Beide Zahlen werden beim Sprechen gleich stark betont.
Endet die Jahreszahl auf „*00*", wird der zweite Teil als *hundred* gesprochen. „*1900*" ist *nineteen hundred.*
Beachte, daß oft *the year 2000* geschrieben wird, nicht einfach *2000*. Gesprochen wird das als *the year two thousand.*
Die Jahreszahlen auf „*01*" bis „*09*" können auf zweierlei Weise gesprochen werden. „*1901*" ist entweder *nineteen oh one* oder *nineteen hundred and one.*

v.Chr. und n.Chr. Wenn man eine genauere Angabe in bezug auf unsere Zeitrechnung braucht, setzt man *AD* (für ‚n.Chr.') vor die Jahreszahl oder danach. Gesprochen wird das /eɪdiː/. *AD* ist eine Abkürzung für das lateinische *anno domini* ‚im Jahre des Herrn'.
BC ist eine Abkürzung für *before Christ* ‚vor Christus', dieses *BC* steht nach der Jahreszahl. Gesprochen wird das /biːsiː/.
The Chinese were printing by movable type in <u>AD 1050.</u> Die Chinesen verwendeten schon 1050 n.Chr. bewegliche Lettern zum Drucken.

The earliest record of an animal becoming extinct dates from about 800 AD. Der früheste Bericht vom Aussterben eines Tieres stammt von ca. 800 n.Chr.
The figurine was found near a sandal dated at 6925 BC. Die Statuette wurde neben einer Sandale gefunden, die auf 6925 v.Chr. datiert wird.

Das Datum. Beim Datum wird die Zahl des Kalendertags gegeben. Ein Datum kann man auf verschiedene Weise schreiben:
20 April
20th April
April 20
April 20th
the twentieth of April

Das Jahr steht, wenn man es gibt, am Ende.
I was born on December 15th, 1953.

Man kann das Datum auch ausschließlich in Ziffern schreiben:
20/4/92
20.4.92

Bei der Datumsangabe in Ziffern setzen Amerikaner den Monat an den Anfang, also (für das obige Datum) *4/20/92* oder *4.20.92.*

Diese Angabe in Ziffern wird besonders am Anfang von Briefen und in Formularen verwendet. In einem laufenden Text schreibt man das Datum eher wie oben bei den fünf Möglichkeiten für den 20. April.

Datum sprechen. Die Zahl für den Tag wird immer als Ordinalzahl gesprochen. Gleichgültig, ob *April 20* oder *April 20th* geschrieben ist, gesprochen wird *twentieth* /twentiəθ/. Im amerikanischen Englisch hört man meist *April twentieth*, im britischen Englisch *April the twentieth* (mit dem *the* vor der Ordinalzahl).
Wenn der Monat nach der Zahl genannt wird, steht *of* vor dem Monat. „*20 April*" spricht man also als *the twentieth of April.*

Je nach den Umständen kann man den Monat weglassen.
So Monday will be the seventeenth. Montag ist also der siebzehnte.
St Valentine's Day is on the fourteenth. Valentinstag ist am vierzehnten.

125

Das Datum des jeweils heutigen Tages leitet man mit *It's* ein.
'What's the date?' – *'It's the twelfth.'* „(Heute ist) der zwölfte."

Jahreszeiten. Die vier Jahreszeiten sind

spring Frühling	*autumn* Herbst
summer Sommer	*winter* Winter

Die Namen für die Jahreszeiten beginnen meist mit einem kleinen Buchstaben.
I was supposed to go last summer. Ich sollte letzten Sommer gehen.
I think it's nice to get away in the autumn. Ich finde es schön, wenn man im Herbst
wegkommt/Urlaub macht.

Im amerikanischen Englisch heißt es *fall* statt *autumn*.

Die jeweiligen Jahreszeiten können auch mit *wintertime, springtime, summertime* bezeichnet werden. (Aber *autumntime* gibt es nicht.)

Jahrzehnte und Jahrhunderte. *A decade* /dekeɪd/ ist ein Jahrzehnt, *a century* ist ein
Jahrhundert.
Ein Jahrzehnt geht von einem Jahr, das auf „0" endet bis einschließlich dem, das mit „9"
endet. Das Jahrzehnt von 1960 bis 1969 nennt man *the 1960s*, gesprochen *the nineteen
sixties*.
In the 1950s, synthetic hair was invented. In den fünfziger Jahren des 20. Jahrhunderts
wurde das künstliche Haar erfunden.

Bei Jahrzehnten des 20. Jahrhunderts kann man sich das Jahrhundert sparen: *the 1920s*
sind *the 20s* oder *the '20s* oder *the twenties* oder *the Twenties*.

Hinweis. Die ersten beiden Jahrzehnte eines Jahrhunderts kann man nach dem obigen
Muster nicht benennen. Man spricht dann z.B. von *the early 1800s* oder von *the early
nineteenth century*.

Jahrhunderte beginnen (nach der Ansicht vieler) mit dem Jahr, das auf „00" endet und
hören auf mit dem Jahr, das auf „99" endet. Sie werden von der Geburt Christi an gezählt und mit Ordinalzahlen numeriert. Die Jahre von 1400 bis 1499 sind *the fifteenth
century*, derzeit leben wir *in the twentieth century* (1900 - 1999). Die Jahrhunderte kann
man auch mit Ziffern schreiben, z.B. *the 20th century*.
In the eighteenth century the potato became the principal source of food for the poorer

people of England. Im 18. Jahrhundert wurde die Kartoffel zum Hauptnahrungsmittel der ärmeren Leute in England.
The docks were constructed during the 19th century, ...

Es ist zu beachten, daß einige das Jahrhundert vom Jahr, das auf „01" endet, an zählen, daß also für manche das 20. Jahrhundert von 1901 bis 2000 dauert.

Falls nötig, gibt man *AD* oder *BC* nach dem Wort *century* an.
The great age of Greek sport was the fifth century BC. Das große Zeitalter des Sports in Griechenland war das 5. Jh. v.Chr.

Ein Jahrhundert kann man auch so bezeichnen, daß man die Mehrzahl vom ersten Jahr verwendet: das *eighteenth century* ist dann *the 1700s* oder *the seventeen hundreds*.
The building goes back to the 1600s. Dieses Gebäude stammt aus dem 17. Jahrhundert.
... furniture in the heavy style of the early eighteen hundreds. ... Möbel in dem schweren Stil des frühen 19. Jahrhunderts.

Das ‚frühe', ‚mittlere' oder ‚späte' Jahrhundert oder Jahrzehnt wird mit *early* bzw. *mid* bzw. *late* bezeichnet. *middle* geht nur in der Konstruktion *the middle of.*
His most important writing was done in the late 1920s and early 1930s. Seine wichtigsten Schriften verfaßte er in den späten zwanziger und den frühen dreißiger Jahren.
... the wars of the late nineteenth century. ... die Kriege des ausgehenden 19. Jahrhunderts.
In the mid 1970s forecasting techniques became more sophisticated. Mitte der 70er Jahre wurden die Vorhersagemethoden raffinierter.
The next major upset came in the middle of the nineteenth century. Die nächste größere Umwälzung geschah in der Mitte des 19. Jahrhunderts.

Der Gebrauch der Präpositionen. Im Zusammenhang mit Tag, Datum usw. werden verschiedene Präpositionen gebraucht.
Die Präposition *at* steht in Verbindung mit
– religiösen Feiertagen: *at Christmas, at Easter*
– kurzen Zeiträumen: *at the weekend, at the beginning of March*

Die Präposition *in* steht in Verbindung mit
– Monaten: *in July, in December*
– Jahreszeiten: *in autumn, in spring*
– langen Zeiträumen: *in wartime, in the holidays*
– Jahren: *in 1985, in the year 2000*

127

– Jahrzehnten: *in the thirties*
– Jahrhunderten: *in the nineteenth century*

Die Präposition *on* steht in Verbindung mit
– Tagen: *on Monday, on weekdays, on Christmas Day*
– Datumsangaben: *on the twentieth of July, on June 21st, on the twelfth.*

Im amerikanischen Englisch wird das *on* auch weggelassen.
Can you come Tuesday?

Mit *during* und *over* drückt man aus, daß etwas während eines Zeitraums geschah.
There were 1.4 million enquiries during 1988 and 1989 alone. Über 1,4 Millionen Nachfragen gingen allein während der Jahre 1988 bis 1989 ein.
More than 1,800 government soldiers were killed in fighting over Christmas. Bei den Kämpfen über Weihnachten wurden mehr als 1800 Regierungssoldaten getötet.

Weitere Zeitangaben. ‚Heute' bzw. ‚gestern' bzw. ‚morgen' ist *today* bzw. *yesterday* bzw. *tomorrow.*
One of my children wrote to me today.

Mit *last* oder *this* oder *next* und *week, month, year* kann man formulieren, was man im Deutschen mit „letzte Woche, diese Woche, nächste Woche, letzten Monat" usw. sagt. Diese Konstruktionen haben keine Präposition.
They're coming next week.

Was man *the week before last* getan hat, hat man ,vorletzte Woche' getan. Ähnlich:
Eileen was accompanying her father, to visit friends made on a camping trip the year before last in Spain. ... um Freunde zu besuchen, die sie vorletztes Jahr auf einem Camping-Urlaub in Spanien kennengelernt hatten.
I saw her the Tuesday before last. ... vorletzten Dienstag.

„Letzte Woche Dienstag" ist *a week ago last Tuesday.*

The week after next ist die übernächste Woche.
He wants us to go the week after next.

„Donnerstag in einer Woche" ist *Thursday week.*
'When is it to open?' – 'Monday week.'

Und schließlich: *three weeks on Thursday* ist Donnerstag in drei Wochen.

Die Konstruktion mit *'s*. Die Bezeichnungen für einen bestimmten Tag oder einen Abschnitt kann man mit *'s* erweitern und vor ein Wort oder eine Wortgruppe stellen. Die Beispiele machen das klar.

How many of you were at Tuesday's lecture? Wie viele von euch waren bei dem Vortrag am Dienstag?

... *yesterday's triumphs.* ... die Siege von gestern.

... *next week's game.* ... das Spiel (in) der nächsten Woche.

... *one of this century's most controversial leaders.* ... eine der umstrittensten Führergestalten dieses Jahrhunderts.

Die Bezeichnungen für einen Tag oder einen Zeitraum des Jahres kann man wie ein Adjektiv verwenden, um einen Gegenstand oder eine Sache näher zu charakterisieren.
Some of the people in the Tuesday class had already done a ten or twelve hour day. ... in dem Dienstagsunterricht ...
I had summer clothes and winter clothes.
Ash had spent the Christmas holidays at Pelham Abbas.

Ein Tag zu einer bestimmten Jahreszeit wird so bezeichnet:
... *a clear spring morning.* ... ein klarer Frühlingsmorgen
... *wet winter days.* ... nasse Wintertage

summer und *winter* können auch mit *'s* konstruiert werden.
... *a summer's day.*
... *a cold winter's night.*

Wiederkehrende Ereignisse. Wenn etwas immer wieder geschieht (jeden Tag, jede Woche), dann geschieht es *every day, every week* und so weiter.
The nurse came in and washed him every day.
I used to go every Sunday.
Every week we sang 'Lord of the Dance'.

Stattdessen kann man auch *daily* oder *weekly, yearly* sagen, aber das klingt etwas gewählt und formell.
It was suggested that we give each child an allowance yearly or monthly to cover all he or she spends. Der Vorschlag war, allen Kindern jährlich oder monatlich einen Zuschuß zu geben, damit sie ihre Ausgaben bestreiten könnten.

Wenn etwas an einem bestimmten Tag der Woche immer wieder geschieht, also ‚(immer) montags, dienstags' und so fort, sagt man *on Mondays, on Tuesdays* und so fort.

129

He went there on Mondays and Fridays. Er ging immer montags und freitags dorthin.

Was jeden zweiten Tag passiert, passiert *every other day*, entsprechend *every other week, every other year.*
We wrote every other day. Wir haben jeden zweiten Tag geschrieben.

every two weeks ist alle zwei Wochen, *every three years* alle drei Jahre. Entsprechend:
I visit her about once every six months. Ich besuche sie ungefähr einmal im halben Jahr.
The government changes every five years. Die Regierung wechselt alle fünf Jahre.

„Einmal die Woche" ist *once a week*, „einmal alle sechs Monate" ist *once every six months*, und „zweimal im Jahr" ist *twice a year*.
The group met once a week. Die Gruppe traf sich einmal die Woche.
... in areas where it only rains once every five or ten years. ... in Gegenden, in denen es nur einmal alle fünf oder zehn Jahre regnet.
You only have meals three times a day. Mahlzeiten gibt es nur dreimal am Tag.

TELEFONIEREN: *telephoning*

Anruf annehmen. Wenn man angerufen wird, kann man sich auf verschiedene Weise melden. Man kann ganz einfach *hello* oder die Telefonnummer sagen.
A: Hello.
B: Hello. It's me. Hallo, ich bin's.

A: 76459.
B: Hello. Is that Carol? Hallo, bist du's, Carol?

Man spricht die Ziffern der Telefonnummern einzeln, also z.B. 4341916 als *four three four one nine one six*. Die 0 wird in Großbritannien meist *oh* gesprochen, in den USA gewöhnlich als *zero*. Erscheint dieselbe Ziffer zweimal hintereinander, wird *double* verwendet, also *four double three five* für *4335*.
Am Arbeitsplatz gibt man den Namen der Firma usw., den der Abteilung, oder man nennt den eigenen Namen. Statt *hello* kann man einen Gruß wie *Good morning* oder *Good afternoon* verwenden.
A: Parkfield Medical Centre.
B: Hello. I'd like to make an appointment to see one of the doctors this morning, please.
   Guten Morgen. Ich hätte gern einen Termin bei einem der Ärzte.

130

A: *Hello. Tony Parsons speaking.* ... (Hier ist) Tony Parsons.
B: *Oh, hello, it's Tom Roberts here.* Hallo, hier (ist) Tom Roberts.

A: *Good morning.*
B: *Good morning. Who am I speaking to?* ... Wer ist am Apparat? / Mit wem spreche
ich?
A: *Er, my name is Alan Fentiman.*

Manche melden sich (innerhalb einer Firma o.ä.) nur mit *yes*, aber dies klingt etwas kurz
angebunden und unhöflich.

Erkennt man denjenigen, der *hello* sagt, an der Stimme, kann man ebenfalls *hello* und
den Namen sagen.
A: *Hello.*
B: *Hello, Jim.*
A: *Hello, Alex, how are you?*

Erkennt man den Anrufenden nicht, fragt man nach, zu Hause mit *Sorry, who is it?* oder
Who is this? Ein *Who's that?* klingt manchmal etwas unhöflich.
A: *Hello.*
B: *Hello.*
A: *Sorry, who is it?* Entschuldigung, wer spricht/ist dort?
B: *It's me, Terry.*

Wenn man zu wissen glaubt, wer anruft, kann man z.B. *Is that James?* oder *That's
James, isn't it?* sagen.
A: *Hello.*
B: *Hello. Can I speak to John?*
A: *I'm afraid he's just gone out. Is that Sarah?* Er ist leider gerade weggegangen. Bist
du's, Sarah?
B: *Yes.*

Wenn man am Arbeitsplatz ist und der Anrufer jemanden anderes sprechen will, sagt
man *Who's calling?* oder *Who's speaking?*
B: *Hello, could I speak to Mrs George, please?*
A: *Who's calling?* Wer ist dort?/Mit wem spreche ich?
B: *The name is Pearce.*
A: *Hold on a minute, please.* Bleiben Sie am Apparat, bitte.

Hat sich der Anrufer verwählt, reagiert man mit z.B. *I think you've got the wrong
number* oder *Sorry, wrong number.*

131

A: Hello.
B: Mrs Clough?
A: <u>No, you've got the wrong number.</u> Nein, da haben Sie sich verwählt.
B: <u>I'm sorry.</u> Tut mir leid.

Anrufen. Ruft man Freunde, Bekannte usw. an, sagt man nach deren *hello* ebenfalls *hello*, wenn man annehmen kann, daß sie die Stimme erkennen. Man kann den Namen des Angerufenen zufügen.
A: Hello.
B: <u>Hello!</u> I just thought I'd better ring to let you know what time I'll be arriving. ... Ich dachte, ich rufe lieber an, damit du weißt, wann ich komme.

A: Hello.
B: <u>Hello, Alan.</u>
A: Hello, Mark, how are you?
B: Well, not so good.

Wie im obigen Beispiel zu sehen ist, fragt man, beim Anruf von Freunden, Bekannten, normalerweise danach, wie es dem anderen geht.

Wenn man sagen muß, wer anruft, tut man dies mit *It's ...* oder *This is ...* oder *It's ... here.*
A: Hello.
B: Hello. <u>It's Jenny.</u>

A: Hello.
B: Hello, Alan. <u>This is Eila.</u>

A: Hello.
B: <u>It's Maggie Turner here.</u>

Den eigenen Namen muß man nicht immer nennen, z.B. dann nicht, wenn man sich irgendwo ganz allgemein erkundigt.
A: Citizen's Advice Bureau.
B: Hello. I'd like some advice about a dispute with my neighbours. Guten Tag. Ich hätte gern eine Auskunft wegen Nachbarstreitigkeiten.

Ist man sich nicht sicher, wer am anderen Ende dran ist, fragt man *Who am I speaking to?* oder, umgangssprachlich, *Who's that?*
A: Hello.
B: Hello. <u>Who am I speaking to, please?</u>

132

A: I'm afraid Mr Taylor's not in the office right now. Es tut mir leid, Mr. Taylor ist gerade nicht in seinem Büro.
B: Who's that?

Mit der Frage *Is that...?* oder der Frage nach dem Namen oder der Nummer überprüft man, ob man tatsächlich mit der gewünschten Person spricht.
A: Hello.
B: Is that Mrs Thompson? Sind Sie / Ist dort Mrs. Thompson?
A: Er, yes it is.
B: This is Kay Mintti from Finland.

Im amerikanischen Englisch fragt man üblicherweise mit *Is this ...?* statt mit *Is that ...?*
A: Hello.
B: Hello. Is this the Casa Bianca restaurant? I want to speak with Anna. Anna di Pietro.

Jemanden am Telefon verlangen. Ist die Person, die man sprechen will, nicht diejenige, die den Anruf beantwortet, sagt man z.B. *Can I speak to Paul, please?* oder *Is Paul there?*
A: Hello.
B: Can I speak to Sue, please?
A: Hang on – I'm sorry, but she's not in at the moment. Moment – tut mir leid, sie ist gerade nicht da.
B: Can I leave a message? Kann ich eine Nachricht hinterlassen?
A: Yes.
B: Would you tell her that Adrian phoned? Würden Sie ihr sagen, daß Adrian angerufen hat?

Bei einem geschäftlichen oder dienstlichen Anruf sagt man z.B. *Could I speak to Mr Green, please?* oder man nennt den Namen, die Abteilung usw. und fügt *please* hinzu.
A: William Foux and Company.
B: Er, good afternoon. Could I speak to Mr Duff, please?
A: Oh, I'm sorry, he's on another line at the moment. Will you hang on? Er telefoniert leider gerade. Wollen Sie dranbleiben?
B: No, it's all right. I'll ring later. Nein, schon gut. Ich rufe später wieder an.

Wenn die Person, mit der man spricht, schon jene ist, nach der man verlangt, antwortet der Angesprochene manchmal mit *Speaking*, ‚am Apparat' / ‚bin ich selbst!'
A: Personnel.
B: Could I speak to Mr Wilson, please.

A: Speaking.
B: Oh, right. I wanted to ask you a question about sick pay.

Anruf beenden. Man beendet den Anruf mit *Goodbye*, umgangssprachlich mit *Bye*.

Die Angerufenen sagen auch manchmal *Speak to you soon* oder *Thanks for ringing* ‚Vielen Dank für den Anruf'.

UHRZEIT und TAGESZEIT: *time*

Dieser Abschnitt behandelt Uhrzeiten (*clock times*) und Tageszeiten (*periods of the day*) und die dafür nötigen Präpositionen und Zeitbestimmungen. Siehe auch den Abschnitt „TAGE, DATUM, ZEITABSCHNITTE".

Uhrzeit. Nach der Uhrzeit fragt man mit *What time is it?* oder mit *What's the time?*
'What time is it?' – *'Three minutes past five.'* „Wieviel Uhr ist es?" – „Drei nach fünf."
'What's the time now?' – *'Twenty past.'* ... „Zwanzig nach."

Mit *when* fragt man danach, ‚wann' etwas stattgefunden hat.
'When did you come?' – *'Just after lunch.'*

Dieselbe Bedeutung hat *what time*.
'What time did you get back to London?' – *'Ten o'clock.'*
'What time do they shut?' – *'Half past five.'* „Wann machen sie zu?" ...

Sagt man jemandem die Uhrzeit, beginnt man mit *It's* ....
It's ten to eleven now. You'd better be off. Es ist jetzt zehn vor elf. Du solltest gehen.

Die Tabelle unten zeigt, wie die Uhrzeit benannt wird. Bei der Tabelle ist folgendes zu beachten:

Das *o'clock* verwendet man nur, wenn man eine volle Stunde bezeichnet. Man sagt also z.B. *five o'clock*. (Aber eben nicht *a quarter past five o'clock*.)
Come round at five o'clock.
I must leave by eight o'clock.

Wenn *o'clock* geschrieben wird, wird die Zahl davor gewöhnlich ausgeschrieben (*five o'clock*) und nicht mit Ziffern (*5*) gegeben.

Allerdings kann man bei der vollen Stunde das *o'clock* auch weglassen und nur die betreffende Zahl sagen.

I used to get up every morning at six.

Bei Uhrzeiten von einer bis einschließlich 30 Minuten nach der vollen Stunde sagt man für „nach" *past*. Bei weniger als 30 Minuten bis zur nächsten vollen Stunde ist das „vor" *to*.

It's twenty past seven. Es ist zwanzig nach sieben.

He returned to the house at half past four. Er kam um halb fünf nach Hause zurück.

He got to the station at five to eleven. Er kam um fünf vor elf zum Bahnhof.

Das Wort *minutes* ‚Minuten' wird in diesen Ausdrücken normalerweise nicht verwendet. Im amerikanischen Englisch steht oft *after* statt *past* und *of* statt *to*.

It was twenty after eight. Es war zwanzig nach acht.

At a quarter of eight, he called Mrs Curry. Um Viertel vor acht rief er Mrs. Curry an.

	four o'clock four 4.00	four in the morning 4 a.m.	`04:00`
		four in the afternoon 4 p.m.	`16:00`
	nine o'clock nine 9.00	nine in the morning 9 a.m.	`09:00`
		nine in the evening nine at night 9 p.m.	`21:00`
	twelve o'clock twelve 12.00	twelve in the morning 12 a.m. midday noon	`12:00`
		twelve at night 12 p.m. midnight	`00:00`
		a quarter past twelve quarter past twelve twelve fifteen 12.15	`12:15`
			`00:15`
		twenty five past two twenty-five minutes past two two twenty-five 2.25	`02:25`
			`14:25`
		half past eleven half eleven eleven thirty 11.30	`11:30`
			`23:30`
		a quarter to one quarter to one twelve forty-five 12.45	`12:45`
			`00:45`
		ten to night ten minutes to eight seven-fifty 7.50	`07:50`
			`19:50`

135

Das Wort *minutes* gebraucht man bei Uhrzeiten, wenn die Zahlenangabe auf 0 oder 5 endet oder dann, wenn man ausdrücken will, daß man ganz genau ist.
It was twenty-four minutes past ten.
We left Grosvenor Crescent at five minutes to ten. ... um genau fünf vor zehn.

Wenn klar ist, um welche Stunde es sich handelt, kann man diese Angabe auch weglassen.
'What time is it?' – *'It's eighteen minutes past.'* ... – „Achtzehn nach."
It's quarter past. Viertel nach.
'What time's break?' – *'Twenty-five to.'* „Wann ist Pause?" – „Um fünf nach halb."

Die Uhrzeit wird auch formuliert, indem man die Zahl für die letzte volle Stunde angibt und dann die Zahl für die vergangenen Minuten. Ein *7.35* ist also auch *seven thirty-five*. Bei Zahlen unter 10 sagen viele *oh* für die Null. So ist *7.05* dann *seven five* oder *seven oh five*. Wenn man die Uhrzeit so schreibt, kommt ein Punkt nach der Angabe für die Stunde. Manche, besonders Amerikaner, setzen dafür auch einen Doppelpunkt (also *7:35*).
At 6.30 each morning, the partners meet to review the situation. ..., um die Lage zu besprechen.
The door closes at 11.15.

Wenn es nötig ist, macht man eine Angabe wie *in the morning* ‚morgens', *in the afternoon* ‚nachmittags', *in the evening* ‚abends'. Es heißt jedoch *at night* ‚nachts', ‚abends'.
It was about four o'clock in the afternoon.
They worked from seven in the morning until five at night. ... von sieben Uhr morgens bis fünf Uhr abends.

Die Abkürzung *a.m.* /ei em/ bezieht sich auf eine Uhrzeit zwischen Mitternacht und Mittag, *p.m.* /piː em/ auf eine Uhrzeit zwischen Mittag und Mitternacht. In der normalen Unterhaltung macht man diese Angaben aber nicht.
The doors will be opened at 10 a.m.
We will be arriving back in London at 10.30 p.m.

Es ist zu beachten, daß *o'clock* zusammen mit *a.m.* oder *p.m.* nicht gebraucht wird.

Präpositionen und Zeitangaben. Wenn man angibt, um welche Zeit etwas geschieht, nimmt man *at*.
The taxi arrived at 7.30.
They'd arranged to leave at four o'clock in Welch's car.
I'll be back at four.

136

Was nach einer genannten Zeit geschieht, geschieht *after*.
She complained that Hamilton was a very quiet place with little to do after ten at night.
..., in dem nach zehn Uhr nachts nichts mehr los sei.

Was vor einer bestimmten Zeit geschieht, geschieht *before*.
I was woken before six by the rain hammering against my bedroom window. Ich wurde vor sechs Uhr durch den Regen geweckt, der an mein Schlafzimmerfenster schlug.

Wenn man *by* verwendet, sagt man, daß etwas spätestens zu dieser Zeit geschehen soll.
I have to get back to town by four o'clock. Ich muß bis vier Uhr in der Stadt zurück sein.

Wenn etwas *until* geschieht, geschieht es eben so lange und dann nicht mehr. In der normalen Unterhaltung steht oft *till*.
I work until three. Ich arbeite bis drei.
I didn't get home till five. Ich kam erst um fünf nach Hause.

„Seit" (im Sinne von ‚ab einem bestimmten Zeitpunkt') wird mit *since* ausgedrückt.
He had been up since 4 a.m. Er war seit vier Uhr morgens auf gewesen.

Ungefähre Zeitangaben. Mit *around* oder *about* gibt man eine ungefähre Uhrzeit an.
At about four o'clock in the morning, we were ambushed. Wir gerieten gegen vier Uhr morgens in einen Hinterhalt.
We eventually got to Baghdad at around midnight. Wir kamen schließlich gegen Mitternacht in Bagdad an.

Das *at* wird manchmal weggelassen.
He left about ten o'clock.

In der Alltagssprache wird die ungefähre Uhrzeit auch mit der Nachsilbe *-ish* ausgedrückt.
Shall I ring you about nine-ish? Soll ich dich gegen neun anrufen?

Was kurz nach einer Zeit geschieht, geschieht *just after* oder *shortly after*. „kurz vor" ist *just before* oder *shortly before*.
We drove into Jerusalem just after nine o'clock. Wir kamen kurz nach neun in Jerusalem an.
He had come home just before six o'clock and lain down for a nap. Er war kurz vor sechs Uhr heimgekommen und hatte sich ein wenig hingelegt.

Shortly after nine, her husband appeared. Kurz nach neun erschien ihr Mann.

Ist eine bestimmte Uhrzeit gerade vorbei, kann man *just gone* sagen.
It was just gone half past twelve. Gerade halb eins vorbei.

Tageszeiten. Die Tageszeiten sind *morning, afternoon* /ɑːftənuːn/, *evening, night.* Die Präposition, die damit verbunden wird, ist *in,* also *in the evening* ‚am Abend'. Wenn jedoch diese Wörter näher beschrieben werden, steht *on: on Sunday morning.* Eine Festlegung dieser Tageszeiten auf einen bestimmten Tag geschieht mit *this* (für ‚heute'), *tomorrow* (‚morgen'), *yesterday* (‚gestern'), *next* (‚am folgenden Tag), *last* (‚am vergangenen Tag').
I'll ring the agent in the morning. Ich rufe den Vertreter am Morgen an.
On Saturday morning all flights were cancelled to and from Glasgow. Am Samstagmorgen wurden alle Flüge nach und von Glasgow abgesagt.
I spoke to him this morning. Ich habe heute morgen mit ihm gesprochen.
He is going to fly to Amiens tomorrow morning. Er fliegt morgen früh nach Amiens.

Einige weitere Wörter bezeichnen die Zeit des Sonnenaufgangs, Sonnenuntergangs und die Zeit jeweils kurz davor und danach.

dawn Morgendämmerung	*dusk* Abenddämmerung
daybreak Tagesanbruch	*nightfall* Einbruch der Nacht
first light Tagesanbruch	*sunset* Sonnenuntergang
sunrise Sonnenaufgang	*twilight* Abenddämmerung

Wenn während dieser Zeiten etwas geschieht, geschieht es *at.*
At dawn we landed for refuelling in Tunisia. In der Morgendämmerung landeten wir zum Auftanken in Tunesien.
Draw the curtains at sunset. Zieh die Vorhänge bei Sonnenuntergang zu.

Zeitbestimmungen mit Adverben und anderen Ausdrücken. Die Wörter und Ausdrücke in den zwei nächsten Listen dienen dazu anzugeben, daß etwas in der Vergangenheit geschehen ist. Sie können alle nach dem ersten Hilfsverb gesetzt werden.

Die der ersten Liste können mit *past tense* (also Formen wie *I said, she went, he waited*) stehen und auch mit dem *present perfect* (also Formen wie *I have said, she has left, he has waited*).

in the past in der Vergangenheit	*previously* vorher, zuvor
just gerade eben	*recently* kürzlich, vor kurzem
lately in letzter Zeit, seit kurzem	

138

It wasn't all that successful as a deterrent in the past. Als Abschreckung war es in der Vergangenheit nicht gerade sehr erfolgreich.
Her husband had recently died in an accident.
He's had a tough time lately. Er hat es in der letzten Zeit recht schwer gehabt.

Die Ausdrücke der nächsten Liste stehen mit der *past tense*, aber normalerweise nicht mit dem *present perfect*.

at one time früher	*originally* ursprünglich
earlier vorher	*sometime* irgendwann
earlier on davor	(in der Vergangenheit)
formerly früher	*then* damals
once einst	

The cardboard folder had been blue originally but now the colour had faded to a light grey. Der Aktendeckel war ursprünglich blau ....
The world was different then. Damals war die Welt anders.

Das Wort *before* wird zusammen mit dem *present perfect* nur im Sinne von „schon einmal (früher)" gebraucht, wie in
I'm sure I've read that before. Ich bin mir sicher, daß ich das schon einmal gelesen habe.

Bei der Verwendung von already gibt es Unterschiede zwichen dem britischen und dem amerikanischen Englisch. Im britischen Englisch wird *already* mit einer Perfektform (wie *I have said* oder *I had said*) gebraucht.
We've already agreed to wait.

Im amerikanischen Englisch wird eher *past tense* verwendet. Statt britisch *I have already met him* ‚Ich habe ihn schon kennengelernt' heißt es dann *I already met him* oder *I met him already.*

Auf die Zukunft bezieht man sich mit

afterwards danach	*one day* eines Tages
at once sofort	*one of these days* eines Tages
before long bald, ziemlich bald	*shortly* bald darauf
eventually schließlich	*some day* eines Tages
immediately sofort	*sometime* irgendwann (in der Zukunft)
in a minute ziemlich gleich	*soon* bald
in a moment ziemlich gleich	*sooner or later* früher oder später
in future in Zukunft	*within minutes* innerhalb von Minuten
later später	*within the hour* in der nächsten Stunde
later on später dann	

We'll be free soon.
I'll remember in a minute. Es fällt mir gleich wieder ein.
In future when you visit us you must let us know in advance. ... dann laß es uns vorher wissen.

Diese Bestimmungen stehen jeweils am Ende oder Anfang.

Momentarily bedeutet im amerikanischen Englisch ‚sehr bald‘, im britischen Englisch ‚für kurze Zeit‘.

Wenn man die Gegenwart in Kontrast setzen will zur Vergangenheit oder zur Zukunft, oder wenn man über etwas Zeitweiliges in der Gegenwart spricht, stehen zur Verfügung

at the moment jetzt	*nowadays* heutzutage
at present jetzt, derzeit	*presently* derzeit, gerade
currently derzeit	*right now* eben jetzt
just now gerade jetzt	*these days* zur Zeit, heutzutage
now jetzt	

Biology is their great passion at the moment. Die Biologie ist derzeit ihre große Leidenschaft.
Well, we must be going now. Nun, wir müssen jetzt gehen.

Diese Bestimmungen stehen jeweils am Ende oder am Anfang.

Today wird, vor allem in Zeitungen und Sendungen, auch im Sinne von ‚derzeit‘, ‚heutzutage‘ gebraucht.
... the kind of open society which most of us in the Western world enjoy today. ... die Art von offener Gesellschaft, die heutzutage die meisten von uns in der westlichen Welt genießen.

Uhrzeiten und Tageszeiten plus andere Substantive. Die Beispiele zeigen die Verwendungsmöglichkeiten.
Every morning he would set off right after the eight o'clock news. ... gleich nach den Sechs-Uhr-Nachrichten.
Castle was usually able to catch the six thirty-five train from Euston. Normalerweise konnte Castle den Zug von Euston um 6 Uhr 35 erreichen.
But now the sun was already dispersing the morning mists. Aber nun löste die Sonne bereits den Morgennebel auf.

Von Bussen oder Zügen spricht man manchmal einfach nur per Uhrzeit: the *six-eighteen* ist der Bus/Zug, der um 6 Uhr 18 abfährt.

We caught the eight-five.

Genitivformen oder Formen mit *of* können auch verwendet werden:
It was Jim Griffiths, who knew nothing of the morning's happenings. Es war Jim Griffiths, der von den Ereignissen des Morgens nichts wußte.

Diese Konstruktion kann auch die Länge eines Zeitraums ausdrücken:
... an afternoon's work on the house. ... die Arbeit eines Nachmittags am Haus.

Zeitbestimmungen wie die folgenden können auch nach einem Substantiv stehen und es so näher charakterisieren:
I'm afraid the meeting this afternoon tired me badly. ... die Sitzung heute nachmittag hat mich sehr ermüdet.
No admissions are permitted in the hour before closing time. Eintritt bis eine Stunde vor Schließung.

VORSCHLÄGE machen: *suggestions*

Für die Formulierung von Vorschlägen gibt es eine ganze Reihe von Möglichkeiten.

Eine davon ist *You could ....*
You could make a raft or something. Du könntest ein Floß oder so was machen.
You could phone her and ask. Du könntest sie anrufen und fragen.

Eine andere Möglichkeit ist *How about ...?* oder *What about ...?* mit einer *-ing*-Form.
How about taking him outside to have a game? Nimm ihn doch für ein Spiel mit nach draußen.
What about becoming an actor? Schauspieler werden – wie wäre es damit?

(*How about* und *What about* werden zusammen mit Substantivkonstruktionen auch für Einladungen und freundliche Aufforderungen gebraucht, siehe den entsprechenden Abschnitt.)

Indirekter wird ein Vorschlag, wenn man ihn mit *Have you thought of* plus einer *-ing*-Form formuliert.
Have you thought of asking what's wrong with Henry? Hast du daran gedacht zu fragen, warum Henry nicht in Frage kommt?

Einen nachdrücklichen Vorschlag leitet man mit *Couldn't you ...?* oder *Can't you ...?* oder *Why not ...?* ein.

Couldn't you get a job in one of the smaller colleges around here? Könntest du nicht eine Stelle in einem der kleineren Colleges der Umgebung kriegen?
Can't you just tell him? Kannst du es ihm nicht einfach sagen?
Why not write to her? Warum schreibst du ihr denn nicht?

Einen ähnlichen Zweck erfüllt *Try ...* plus der *-ing*-Form.
Try advertising in the local papers. Probier's doch einmal mit Werbung in den Lokalzeitungen.
Try a little methylated spirit. Versuch's doch mal mit Methylalkohol.

Wenn man mit *I suggest you ...* beginnt, macht man ebenfalls einen nachdrücklichen Vorschlag.
I suggest you leave this to me. Ich schlage vor, du überläßt das mir.

Vorschläge mit *Why don't you ...* sehen zwar sanft aus, sind aber dennoch ernst gemeint.
Why don't you think about it and decide later? Denk darüber nach und entscheide dich später.
Why don't you go to bed? Geh doch zu Bett.

Manchmal macht man Vorschläge, hinter denen man nicht so ganz steht, weil einem nichts Besseres für den anderen einfällt. Dies wird mit *You might as well ...* oder *You may as well ...* ausgedrückt.
You might as well drive on back to Famagusta by yourself. Du könntest auch auf eigene Faust nach Famagusta zurückfahren.
You may as well go home and come back in the morning. Du könntest auch heimgehen und morgen vormittag wieder kommen.

Die folgende Art von Vorschlägen findet sich vor allem in der geschriebenen Sprache und in Rundfunk- und Fernsehsendungen.
Alternatively, you might like to consider discussing your insurance problems with your bank manager. Andererseits könnte es auch sein, daß Sie Ihre Versicherungsprobleme lieber mit Ihrem Bankfachmann besprechen.
You might consider moving to a smaller house. Vielleicht überlegen Sie, ob Sie in ein kleineres Haus ziehen sollten.
You might want to have a separate heading for each point. Eine eigene Überschrift für jeden Abschnitt könnte vorteilhaft sein.
It might be a good idea to rest on alternate days between running. Es wäre gut, nur jeden zweiten Tag zu laufen und dazwischen auszuruhen.

Etwas miteinander tun. Ein Vorschlag, hinter dem man steht und von dem man glaubt, der andere nimmt ihn an, wird mit *Let's* ... eingeleitet.
Come on, let's go. Komm, wir gehen.
Let's meet at my office at noon. All right? Wir treffen uns mittags in meinem Büro. OK?
Come on now. Let's be practical. How can we help? Also los. Tun wir was. Wie können wir helfen?

Mit angehängtem *shall we?* fragt man gleichsam nach der Zustimmung des anderen, sozusagen eine Mischung aus Vorschlag und Überreden. Das *shall* ist betont, man geht mit der Stimme nicht nach oben.
I tell you what, let's slip back to the hotel and have a drink, shall we? Paß auf, wir gehen zum Hotel zurück und trinken was, ja?
Let's do some of these letters, Mrs Taswell, shall we? Jetzt zu einigen von diesen Briefen, Mrs. Taswell, ja?

Ein Vorschlag, etwas miteinander nicht zu machen, geht mit *Let's not* ...
Let's not talk here.
We have twenty-four hours. Let's not panic.
Let's not go jumping to conclusions. Lieber keine voreiligen Schlüsse.

Nachdruck signalisiert die Konstruktion mit *We'll* ....
We'll talk later, Percival. Wir reden später miteinander, Percival.
'What do you want to do with Ben's boat?' – 'We'll leave it here till tomorrow.' ...„Wir lassen es hier bis morgen.“

Auch hier wird mit *shall we?* eine Milderung bewirkt.
We'll leave somebody else to clear up the mess, shall we? Wir lassen jemand anders alles aufräumen, OK?

Nachdrücklich ist auch *I suggest we* ... ‚Ich schlage vor, wir ...‘
I suggest we discuss this elsewhere.
I suggest we go to the hospital in St Johnsbury right away.

Wenn man mit *Shall we* einleitet, klingt der Vorschlag nachdrücklich oder weniger nachdrücklich, je nachdem wie betont man das *Shall we* ausspricht.
Shall we go and see a film?
Shall we make a start?
Shall we sit down?

Manchmal war von irgendeiner Aktivität schon vorher die Rede. Wenn man dies wieder aufgreift und vorschlägt, verwendet man *We could...*
I did ask you to have dinner with me. We could discuss it then.
We could tow one of them in.
'I'm tired.' – 'Too tired for a walk, even? We could go to the Cave of Shulamit.'

Eher beiläufig und indirekt klingt ein Vorschlag, der mit *I thought we ...* oder *I wonder if we ...* und einem Hilfsverb wie *can, could, might* formuliert wird: ‚Ich dachte, wir könnten vielleicht ...'.
I thought we might have some lunch.
In the meantime, I wonder if we can just turn our attention to something you mentioned a little earlier.
I wonder whether we could have a little talk, after the meeting.

Manche Vorschläge sind so, daß einem nichts einfällt, was besser sein könnte: „Wir könnten genau so gut ...“
We might as well go in.
We might as well go home.

Wenn man einen sehr wichtigen und ernsten Vorschlag für eine gemeinsame Handlung hat, formuliert man dies mit *We must ....*
We must be careful.
We must hurry.
We must look to the future. We must plan.

Vorschläge für das Bessere. Häufig gibt es mehrere Möglichkeiten, wie man in einer bestimmten Situation handeln könnte. Wenn man dann das vorschlägt, was aus eigener Sicht das Vernünftigste oder Beste ist, formuliert man mit *We ought to ...* oder *We'd better ...* (*we'd better* ist eine Kurzform von *we had better*). Diese Art von Vorschlag kann man etwas mildern, indem man ihn mit *I think* oder *I suppose* einleitet oder mit *oughtn't we?* bzw. *hadn't we?* beendet.
We ought to give the alarm. Wir sollten Alarm geben.
Come on, we'd better try and find somebody. Los, wir sollten lieber versuchen, jemanden zu finden.
I think we'd better leave. Ich glaube, wir gehen lieber.
I suppose we'd better take a look through the bushes. Ich glaube, wir sollten in den Büschen nachsehen.
We ought to order, oughtn't we? Wir sollten bestellen, oder?

Auch *I think we should ...* wird gebraucht.
I think we should go back. Ich glaube, wir sollten zurückgehen.
I think we should change the subject. Ich glaube, wir sollten das Thema wechseln.

Wenn man sich bei diesen Vorschlägen nicht sicher ist, daß sie ohne Diskussion ange-
nommen werden, leitet man sie mit *Shouldn't we* oder *Oughtn't we to* ein.
Shouldn't we have supper first? Sollten wir denn nicht erst zu Abend essen?
Shouldn't we be on our way? Sollten wir uns jetzt nicht aufmachen?
Oughtn't we to phone for the police? Wäre es nicht besser, wir würden die Polizei an-
rufen?

Diese Funktion hat auch *Don't you think we should ...* oder *Don't you think we'd
better ...*
Don't you think we'd better wait and see whether or not the charges stand up? Glauben
Sie nicht, es wäre besser abzuwarten, ob die Anklagen Bestand haben?

Auf einen Vorschlag reagieren.
Wenn man einen Vorschlag annimmt, tut man dies mit *All right* oder mit *OK*. Oder mit
einem kurzen Kommentar wie *Good idea* oder *That's a good idea*.
'Let's dance now.' – 'All right then.'
'Let's not do that. Let's play cards instead.' – 'That's all right with me.'
'Try up there.' – 'OK.'
*'What am I going to do?' – 'Lock him in a closet in his office is what I would do.' 'That's
a good idea.'* „Was mach ich bloß?" – „Sperr ihn in einen Schrank in seinem Büro. Das
ist, was ich machen würde." – „Gute Idee."

Auf einen Vorschlag, der mit *You could* beginnt, kann man entsprechend mit *Yes, I
could* antworten.
'You could get a job over there.' – 'Oh yes, I could do that, couldn't I?'

Man kann einen Vorschlag auch mit *Why not?* akzeptieren.
'Shall we take a walk?' – 'Why not?'

Wenn es um etwas geht, das man gemeinsam macht, kann man mit *Fine* oder *That's fine
by me* reagieren. Einen sehr willkommenen Vorschlag nimmt man mit *Great* an.
'What about Tuesday?' – 'Fine.'

Lehnt man einen Vorschlag ab, gebraucht man Ausdrücke wie *No, I can't* oder *No, I
couldn't* oder *I don't think that's a good idea*. Oder man gibt eine entsprechende Begründung.

145

'You could ask her.' – 'I don't think that's a very good idea.'
'Well, can you not make synthetic ones?' – 'We can't, no.'
'I'll ring her up when I go out to lunch.' – 'Why not do it here and save money?' – 'I like my calls private.'

Sich selbst und andere VORSTELLEN:
introducing yourself and other people

Sich selbst vorstellen. Man tut das, indem man sagt, wer man ist, oft zusammen mit einem kurzen Gruß, wie *hello,* oder einer anderen kurzen Bemerkung.
'I'm Helmut,' said the boy. 'I'm Edmond Dorf,' I said. „Ich heiße Helmut", sagte der Junge. „Ich heiße Edmond Dorf", sagte ich.
Come with me, sir. I'm the captain. Kommen Sie mit, Sir. Ich bin der Kapitän.
'I don't think we've met, have we? Are you visiting here?' – 'Yes. I'm Philip Swallow.'
„Wir kennen uns, glaube ich, noch nicht. Sind Sie zu Besuch hier?" – „Ja. Ich bin Philip Swallow."
I had better introduce myself. I am Colonel Marc Rodin. Ich sollte mich vorstellen. Ich bin Oberst Marc Rodin.
May I introduce myself? I'm Joe Mahoney.
You must be the Kirks. My name's Macintosh. Sie müssen die Kirks sein. Mein Name ist Macintosh.

Wenn es etwas formeller oder offizieller zugeht, fügt man nach der Vorstellung von sich selbst *How do you do?* an. Dies entspricht einem Gruß wie „Guten Tag" im Deutschen.
I'm Nigel Jessop. How do you do? Ich heiße Nigel Jessop. Guten Tag.

Andere einander vorstellen. Diese Vorstellung leitet man mit *This is ...* ein und nennt dann Namen oder Titel in der angemessenen Form, siehe den Abschnitt „NAMEN und TITEL" sowie „Jemanden ANREDEN".
'This is Bernadette, Mr Zapp,' said O'Shea. „Mr. Zapp, das ist Bernadette", sagte O'Shea.

Man kann zwar sagen *These are my children* (wenn man die eigenen Kinder vorstellt), aber ansonsten verwendet man *this,* auch wenn man mehrere Personen nennt. Wenn man ein Paar vorstellt, verwendet man das *this* nur einmal.
This is Mr Dixon and Miss Peel. Das sind ...

146

Man kann auch nur den Namen sagen und dabei mit der Hand auf die Person deuten, die man so vorstellt.

Förmliche Vorstellung. Bei förmlicheren Gelegenheiten beginnt man das Vorstellen mit Äußerungen wie *May I introduce*, oder *Let me introduce you to*, oder *I'd like to introduce you to*.
By the way, may I introduce my wife? Karin – Mrs Stannard, an old friend. Übrigens, darf ich dir meine Frau vorstellen? Karin – und Mrs Stannard, eine alte Bekannte.
Let me introduce everybody to everybody. My brother, Rudolph; my sister Gretchen; my wife, Teresa; my manager, Mr Schultz. Darf ich alle miteinander bekanntmachen? ....
Bill, I'd like to introduce Charlie Citrine. Bill, ich möchte dir gern Charlie Citrine vorstellen.

Oder man sagt *I'd like you to meet …*
Officer O'Malley, I'd like you to meet Ted Peachum.

Zwanglose Vorstellung. Man verwendet hierfür z.B. *You haven't met John Smith, have you?* oder *You don't know John, do you?* oder *I don't think you know John, do you?*
'I don't think you know Colonel Daintry.' – 'No. I don't think we've met. How do you do?' „Ich glaube, Sie kennen einander nicht. Das ist Oberst Daintry." – „Nein, wir kennen uns nicht. Guten Tag."

Wenn man sich nicht sicher ist, ob es nötig ist, jemanden vorzustellen – weil die Betreffenden einander vielleicht schon kennen – kann man fragen *Have you met …?* oder *Do you two know each other?*
'Do you know my husband, Ken?' – 'Hello. I don't think I do.' „Ken, kennst du meinen Mann?" – „Nein, ich glaube nicht. Guten Tag."

Manchmal ist man sich ziemlich sicher, daß die Betreffenden einander kennen. Dann sagt man z.B. *You know John, don't you?* oder *You've met John, haven't you?*
Hello, come in. You've met Paul. Hallo. Komm rein. Ihr kennt euch doch, oder?

Reaktion auf die Vorstellung. Wenn man jemandem vorgestellt wird, reagiert man mit *Hello*. Wenn die Situation zwanglos ist und die Beteiligten jung sind, sagt man *Hi*. In einer förmlicheren Situation verwendet man *How do you do?*
'Francis, this is Father Sebastian.' – 'Hello, Francis,' Father Sebastian said, offering his hand.

How do you do? Elizabeth has spoken a lot about you. Guten Tag. Elizabeth hat mir viel von Ihnen erzählt.

Manchmal hört man auch *Pleased to meet you* oder *Nice to meet you*, besonders bei offizielleren Gelegenheiten. Das entspricht in etwa dem „Ich freue mich, Sie kennenzulernen".
Pleased to meet you, Doctor Floyd.
It's so nice to meet you, Edna. Ginny's told us so much about you.

Jemanden WARNEN: *warning someone*

Wenn man jemanden davor warnen will, etwas zu tun, kann man das auf verschiedene Weise ausdrücken.

In einer Unterhaltung kann man sagen, daß man selbst etwas nicht tun würde, wenn man der andere wäre: *I wouldn't ... if I were you.*
I wouldn't drink that if I were you. Ich würde das nicht trinken, wenn ich du wäre.

Abgeschwächter formuliert man die Warnung mit *I don't think you should ...* oder mit *I don't think you ought to ....*
I don't think you should go in there. Ich glaube nicht, daß du da hineingehen solltest.
I don't think you ought to turn me down quite so quickly, before you know a bit more about it. Ich glaube nicht, daß du mir das so schnell abschlagen solltest – bevor du etwas mehr darüber weißt.
I don't think you should try to make a decision when you are so tired. Ich glaube nicht, daß du versuchen solltest, einen Entschluß zu fassen, wenn du so müde bist.

Man kann den anderen auch indirekt warnen und sagen, was passieren könnte, wenn er etwas tut.
You'll fall down and hurt yourself if you insist on wearing that old gown. Du fällst noch hin und tust dir weh, wenn du weiter diesen alten Umhang trägst.

Mit *Be careful not to ...* oder *Take care not to ...* drückt man aus, daß jemand aufpassen soll und etwas nicht tun soll.
Be careful not to keep the flame in one place too long, or the metal will be distorted. Achten Sie darauf, daß Sie die Flamme nicht zu lange auf eine Stelle halten, weil sich sonst das Metall verzieht.

Well, take care not to get arrested. Also gut, paß auf, daß du nicht verhaftet wirst.

Nachdrückliche Warnung. Nachdrückliche Warnungen werden mit *Don't* eingeleitet.
Don't put more things in the washing machine than it will wash. Nicht mehr Teile in die Waschmaschine geben als diese waschen kann.
Don't turn the gas on again until the gasman tells you it's safe to do so. Das Gas erst wieder andrehen, wenn der Installateur Ihnen sagt, daß es gefahrlos ist.
Don't open the door for anyone. Mach niemandem die Tür auf.

Dieses *Don't* kann man mit *whatever you do* noch verstärken.
Whatever you do don't overcrowd your greenhouse. Auf keinen Fall zu viele Pflanzen in das Treibhaus setzen.
Don't get in touch with your wife, whatever you do.

Man kann auf die Folgen mit *or* hinweisen.
Don't drink so much or you'll die. Trink nicht so viel, sonst stirbst du noch.

Ausdrückliche Warnung. Ausdrückliche Warnungen können mit *I warn you* oder *I'm warning you* eingeleitet werden, besonders dann, wenn man darauf hinweist, daß dem anderen etwas Unangenehmes bevorsteht.
I warn you it's going to be expensive. Ich warne dich, das wird teuer.
It'll be very hot, I'm warning you. Ich warne dich, es wird sehr heiß sein.

Diese Ausdrücke werden auch als Drohungen verwendet.
Much as I like you, I warn you I'll murder you if you tell anyone. Ich mag dich zwar, aber wenn du jemandem davon erzählst, bringe ich dich um, ich warne dich.
I'm warning you, if you do that again there'll be trouble. Ich warne dich, wenn du das noch einmal machst, gibt es Ärger.

Schriftliche Warnungen und Warnungen im Rundfunk. Bei solchen Warnungen wird *Never* zusammen mit der Befehlsform verwendet.
Never put antique china into a dishwasher. Niemals altes Porzellan in die Geschirrspül-maschine geben.
If you have children, never keep a pet if you intend eventually to eat it. Wenn Sie Kinder haben, halten Sie sich niemals ein Haustier, das sie irgendwann verzehren möchten.

Mit *Beware of...* warnt man vor einer Handlung oder vor einem Sachverhalt, der gefährlich oder unangenehm sein könnte.

Beware of becoming too complacent. Achten Sie darauf, daß Sie nicht zu selbstgefällig werden.

I would beware of companies which depend on one product and one man. Hüten Sie sich vor Firmen, die von einem einzigen Produkt und von einem einzigen Mann abhängig sind.

Der Ausdruck *A word of warning* oder die Wörter *Warning* oder *Caution* leiten ebenfalls Warnungen ein.

A word of warning: Don't have your appliances connected by anyone who is not a specialist. Achtung. Lassen Sie Ihre Geräte nur von einem Fachmann anschließen.

Warning! Keep all these liquids away from children. Achtung! Halten Sie diese Flüssigkeiten von Kindern fern.

Caution. Keep the shoulders well down when doing this exercise. Achtung. Während dieser Übung die Schultern gut unten lassen.

Warnungen auf Produkten und Bekanntmachungen. Solche Warnungen werden mit *Warning* oder *Caution* eingeleitet. Auf Bekanntmachungen finden sich *Danger* und *Beware of....*

Warning: Smoking can seriously damage your health. Warnung: Rauchen kann schwere gesundheitliche Schäden verursachen.

CAUTION: This helmet provides limited protection. Achtung: Dieser Helm verleiht nur begrenzten Schutz.

DANGER – RIVER.

Beware of Falling Tiles. Vorsicht. Herabfallende Ziegel.

Warnung wegen etwas Unmittelbaren. Manchmal warnt man jemanden vor etwas, das gleich passieren könnte. Für eine solche Warnung nimmt man *Careful* oder *Be careful* oder, unter Bekannten, *Watch it.*

Careful! You'll break it. Vorsichtig. Du machst es kaputt.

He sat down on the bridge and dangled his legs. 'Be careful, Tim.' Er setzte sich auf die Brücke und baumelte mit den Beinen. „Paß auf, Tim."

Watch it! There's a rotten floorboard somewhere just here. Paß auf, hier ist irgendwo ein morsches Brett.

I should watch it, Neil, you're putting this on record. „Ich wäre da vorsichtig, Neil, du machst da etwas Schriftliches."

150

Für diese Zwecke kann man auch *Mind* sagen.
Mind the pond. Vorsicht Teich.
Mind your head. Vorsicht niedrige Tür.
Mind you don't slip. Vorsicht glatt.

Watch wird ähnlich gebraucht, meistens mit einem nachfolgenden Satz.
Watch where you're putting your feet. Paß auf, wo du hintrittst.

Weitere Ausdrücke für Warnungen sind *Look out* und *Watch out*. Dabei wird *Look out* für unmittelbare Gefahr gebraucht, *Watch out* für Gefahren, die entstehen könnten.

Look out. There's someone coming. Achtung. Da kommt jemand.
Watch out for that beast there. Und paßt auf dieses Tier dort auf.
'I think I'll just go for a little walk.' – *'Watch out* – *it's a very large city to take a little walk in.'* „Ich glaube, ich mache einen kleinen Spaziergang." – „Aber paß auf, das hier ist eine große Stadt für einen kleinen Spaziergang."

Um WIEDERHOLUNG bitten:
asking for repetition

Man bittet andere um Wiederholung, wenn man nicht gehört hat, was sie gesagt haben, wenn man sie nicht verstanden hat oder wenn man aus verschiedenen Gründen nicht so recht glauben kann, was man gehört hat.

In einer zwanglosen Situation bittet man um Wiederholung mit *Sorry?* oder *I'm sorry?* oder mit *Pardon?* Diese entsprechen ungefähr dem deutschen ‚Bitte?' oder ‚Wie bitte?'
'Have you seen the health guide book anywhere?' – *'Sorry?'* – *'Seen the health guide book?'*
'Well, what about it?' – *'I'm sorry?'* – *'What about it?'*
'How old is she?' – *'Pardon?'* – *'I said how old is she?'*

Manche fragen zu diesem Zweck auch *Come again?*
'It's on Monday.' – *'Come again?'* – *'Monday.'*

Im amerikanischen Englisch wird meist mit *Excuse me?* gefragt, gelegentlich auch mit *Pardon me?*
'You do see him once in a while, don't you?' – *'Excuse me?'* – *'I thought you saw him sometimes.'*

151

Es gibt auch einige, die mit *What?*, *You what?* oder *Eh?* fragen, aber das ist ungefähr so unhöflich wie das deutsche „ *Was?* " oder „ *Hä?* ".
'Do you want another coffee?' – *'What?'* – *'Do you want another coffee?'*
'Well, I still have a cheque book.' – *'Eh?'* – *'I said I still have a cheque book.'*

Um für einen Teil des Gesagten um Wiederholung zu bitten, kann man eine Frage stellen, die mit einem der Fragewörter *when, who, where* usw. oder *how* beginnt.
'Can I speak to Nikki, please?' – *'Who?'* – *'Nikki.'* ... „Wen?" ....
'We've got a special offer in April for Majorca,' – *'For where?'* – *'Majorca.'* „Wir haben ein Sonderangebot für April nach Mallorca." –„Wohin?" – „Nach Mallorca."
'I don't like the tinkling.' – *'The what?'* – *'The tinkling.'* „Ich mag das Klingeln nicht." – „Das was?" – „Das Klingeln."

Wenn man zwar gehört hat, was gesagt wurde, sich aber nicht sicher (oder überrascht ist), kann man das Ganze oder einen Teil wiederholen. Dabei geht man, wie bei der Frage, mit der Stimme nach oben.
'I just told her that rain's good for her complexion.' – *'Rain?'* „Ich habe ihr gerade gesagt, daß Regen gut für den Teint ist." – „Regen?"
'I have a message for you?' – *'A message?'* „Ich habe eine Nachricht für dich." – „Eine Nachricht?"

Wenn man etwas wieder vergessen hat, von dem davor die Rede war, dann fragt man danach und fügt *again* an.
What's his name again? Wie heißt er wieder?
Where are we going again? Wohin fahren wir wieder?

Formelle Bitte um Wiederholung. Spricht man mit jemandem, den man nicht gut kennt – zum Beispiel am Telefon –, dann verwendet man etwas längere Ausdrücke wie *Sorry, what did you say?* oder *Sorry, I didn't quite catch that* (‚Entschuldigung, das habe ich nicht ganz verstanden') oder *I'm sorry, I didn't hear what you said* oder *I'm sorry, would you mind repeating that again* (‚Entschuldigung, könnten Sie das noch einmal sagen') oder *Would you repeat that, please?*
'What about tomorrow at three?' – *'Sorry, what did you say?'* – *'I said, what about meeting tomorrow at three?'*
Would you repeat that, I didn't quite catch it.

Beg your pardon? und *I beg your pardon?* sind für diese Zwecke ein wenig altmodisch.
'Did he listen to you?' – *'Beg your pardon?'* – *'Did he listen to you?'*
'Did they have a dog?' – *'I beg your pardon?'* – *'I said did they have a dog?'*

Wenn man *I beg your pardon?* sagt (und das *beg* dabei betont), drückt man aus, daß man „wohl nicht recht gehört hat".
'Where the devil did you get her?' – *'I beg your pardon?'* „Wo zum Teufel hast du sie her?" – „Ich höre wohl nicht recht!"

ZAHLEN und BRÜCHE:
numbers and fractions

Dieser Abschnitt befaßt sich mit
– Zahlen, wie 4, 108, und 1001
– Römischen Zahlen, wie IV, XII, XXXII
– Ordinalzahlen, wie „siebte", „einundzwanzigste"
– Brüchen, Dezimalzahlen und Prozentzahlen, wie 1/3, 3,142 und 21%
– ungefähren Zahlenangaben

Zahlen. Die folgende Liste enthält die Zahlen, die man in der Grammatik *cardinal numbers* ‚Kardinalzahlen‘ nennt. Aus der Liste auf S. 154 ist ersichtlich, wie die Zahlen gebildet werden.

Wenn man Ziffern in Handschrift schreibt, ist das Folgende sehr wichtig. Handschriftlich ist eine Eins im Englischen ein senkrechter Strich, ohne den Aufstrich wie bei der deutschen „1". Die englische Sieben ist „7" (ohne den Querstrich). Die deutsche Handschrift kann daher zu Mißverständnissen führen: die Eins wird als *seven* gelesen, die Sieben vielleicht als gestrichene Ziffer Sieben.

In Großbritannien war *a billion* früher eine Billion. Heutzutage ist *a billion* eine Milliarde, wie im amerikanischen Englisch auch.
Die Wörter *hundred, thousand, million* und *billion* werden in der Einzahlform verwendet, auch wenn andere Zahlwörter davor stehen.
... *six hundred miles.*
... *a thousand billion pounds.* ... 1000 Milliarden Pfund (bzw. eine Billion Pfund)

Wenn genaue Zahlenangaben gemacht werden, steht nach diesen Wörtern kein *of*. Es heißt also *five hundred people* (und nicht *five hundreds of people*). Bei ungefähren Zahlenangaben (siehe unten) ist das anders.

Ein Dutzend ist *a dozen* /dʌzn/. *A dozen eggs* sind ein Dutzend Eier, *two dozen cups* sind zwei Dutzend Tassen. Die Mehrzahl *dozens* (dann mit *of*) ist eine ungefähre Angabe für eine größere Menge, etwa *dozens of books* ‚Dutzende von Büchern‘.

153

0	zero, nought, nothing, oh	26	twenty-six
1	one	27	twenty-seven
2	two	28	twenty-eight
3	three	29	twenty-nine
4	four	30	thirty
5	five	40	forty
6	six	50	fifty
7	seven	60	sixty
8	eight	70	seventy
9	nine	80	eighty
10	ten	90	ninety
11	eleven	100	a hundred
12	twelve	101	a hundred and one
13	thirteen	110	a hundred and ten
14	fourteen	120	a hundred and twenty
15	fifteen	200	two hundred
16	sixteen	1000	a thousand
17	seventeen	1001	a thousand and one
18	eighteen	1010	a thousand and ten
19	nineteen	2000	two thousand
20	twenty	10,000	ten thousand
21	twenty-one	100,000	a hundred thousand
22	twenty-two	1,000,000	a million
23	twenty-three	2,000,000	two million
24	twenty-four	1,000,000,000	a billion
25	twenty-five		

Zahlen sprechen und schreiben. Zahlen über 100 werden allgemein mit Ziffern geschrieben. Wenn man sie spricht oder aus einem besonderen Grund in Wörtern schreibt, dann kommt ein *and* vor die Zahl, die mit den letzten beiden Ziffern ausgedrückt wird. „203" wird demnach als *two hundred and three* gesprochen oder ausgeschrieben, „2840" als *two thousand, eight hundred and forty*.
Four hundred and eighteen men were killed and a hundred and seventeen wounded.

Im amerikanischen Englisch wird das *and* gewöhnlich weggelassen.
... *one hundred fifty dollars.*

154

Es gibt mehrere Möglichkeiten, die Zahlen zwischen 1000 und einer Million auszusprechen. Die Zahl „1872" z.B. wird gesprochen (oder geschrieben) als *one thousand, eight hundred and seventy-two,* wenn damit eine Anzahl von Dingen usw. gemeint ist. Zahlen mit vier Ziffern, die auf 00 enden, können als das Vielfache von *hundred* geschrieben oder gesprochen werden, also 1800 als *eighteen hundred.*

Wird eine Zahl wie 1872 verwendet, um eine Nummer zu nennen, wird sie als *one eight seven two* gesprochen – jede Ziffer einzeln. Dies ist die übliche Art, Telefonnummern anzugeben. Wenn eine Telefonnummer eine Ziffer doppelt enthält, verwendet man *double.* 1882 wird *one double eight two* gesprochen.

Das Jahr 1872 wird üblicherweise *eighteen seventy-two* genannt. Siehe dazu auch den Abschnitt „TAGE, DATUM, ZEITABSCHNITTE".

Wenn Zahlen über 9999 in Ziffern geschrieben werden, kommt üblicherweise ein Komma (!) nach der vierten Ziffer von hinten, der siebten Zahl von hinten usw., so daß die Ziffern damit in Dreiergruppen geteilt werden, also z.B. *15,000* (= 15000) oder *1,982,000.* Bei Zahlen zwischen 1000 und 9999 wird manchmal ein Komma nach der ersten Ziffer gesetzt, also z.B. *1,526* (in deutscher Schreibweise „1526").

Grammatisches. Wird ein bestimmter Artikel oder ein Wort einer ähnlichen Wortart verwendet, stehen die Zahlwörter danach.
... *the three young men.*
... *my two daughters.*
All three candidates are coming to Blackpool later this week.

Bei der Verwendung von Adjektiven stehen die Zahlen meist vor diesen.
... *two small children.*
... *fifteen hundred local residents.* ... 1500 Ortsansässige
... *three beautiful young girls.*

Einige Adjektive wie *only* und *following* stehen aber vor den Zahlwörtern:
All you have to do is answer the following three questions. Sie müssen lediglich die drei folgenden Fragen beantworten.
Air France runs two of the only four weekly international flights to Madagascar.

Außer nach dem Zahlwort *one* - oder *a* - steht immer die Mehrzahlform des Substantivs (und dann auch die Mehrzahlform des Verbs).
... *a hundred years.*
Seven guerrillas were wounded.
There were ten people there, all men.

Allerdings: spricht man von einer Summe Geld, einer Zeitspanne, einer Entfernung, der Geschwindigkeit oder dem Gewicht, verwendet man das Verb in der Einzahlform.
Three hundred pounds is a lot of money.
Ten years is a long time.
90 miles an hour is much too fast.

Zahlen als Pronomen. Wenn aus den Umständen klar ist, worauf man sich bezieht, kann man die Zahl nennen, ohne das Substantiv.
They bought eight companies and sold off five.
These two are quite different.

Of verwendet man, um eine Zahl anzugeben, die sich auf einen Teil einer Menge bezieht.
I saw four of these programmes. Ich habe vier dieser Programme gesehen.
All four of us wanted to get away from the Earl's Court area. Alle vier von uns ...

Zahlen in zusammengesetzten Adjektiven. Zahlen können ein Teil von zusammengesetzten Adjektiven sein. Diese Wörter werden meist mit Bindestrich geschrieben.
He took out a five-dollar bill. ... eine Fünf-Dollar-Note
I wrote a five-page summary. ... eine fünfseitige Zusammenfassung.

Es heißt *five-dollar bill* (und nicht *five-dollars bill*). Diese Adjektive kann man nicht nach einer Form von *be* verwenden. Man kann nicht sagen *My essay is five-hundred-word.* Stattdessen: *My essay is five hundred words long.*

"one". Als Zahlwort wird *one* vor einem Substantiv gebraucht, um zu betonen, daß man „ein einziges" meint oder daß man genau sein will. Es wird auch verwendet, wenn man von einer bestimmten Person einer Gruppe spricht.
There was only one gate into the palace. Nur ein (einziges) Tor führte in den Palast.
This treaty was signed one year after the Suez Crisis. Dieser Vertrag wurde *ein* Jahr nach der Suezkrise unterzeichnet.
One member declared that he would never vote for such a proposal. Ein Mitglied erklärte, daß er niemals für einen derartigen Vorschlag stimmen werde.

Wenn es auf Genauigkeit nicht ankommt, oder wenn man das „ein" nicht betonen will, steht *a*.
A car came slowly up the road.

"Zero", "0". Wenn man sagen will, daß „kein" Ding oder „keine" Person vorhanden ist, verwendet man *no* vor dem Substantiv oder *any* vor dem Substantiv nach einer Verneinung, oder *none* ohne Substantiv (also als Pronomen).
She had no children.
Sixteen people were injured but luckily none were killed.
There weren't any seats.

Um „0" auszudrücken, gibt es mehrere Möglichkeiten:
Als *zero*, wenn man sich innerhalb von Zahlen bewegt, also zum Beispiel bei Temperaturen, Steuern, Zinsen.
It was fourteen below zero when they woke up.
... at low or zero interest rates. ... zu geringem Zins oder zu 0 %.

Als *nought* bei einigen Zahlenangaben. *0.89* spricht man als *nought point eight nine* (‚Null Komma neunundachtzig/... acht neun').
x equals nought. x gleich Null (x=0)

Als *nothing*, wenn man im Alltag von Berechnungen spricht.
'What's the difference between this voltage and that voltage?' –'Nothing.' ... „Keiner".

Wie *oh* oder den Buchstaben *o*, wenn man Zahlen Ziffer für Ziffer spricht. Die Telefonnummer „021 4620" spricht man *oh two one, four six two oh*, die Dezimalzahl *.089* ist *point oh eight nine* (also ‚Null Komma Null neunundachtzig').

Als *nil* bei Sportergebnissen und in der Alltagssprache.
... by one goal to nil. ... mit 1:0.
It used to be a community of 700 souls. Now the population is precisely nil. Das war mal eine Gemeinde mit 700 Einwohnern. Jetzt ist die Bevölkerung gleich Null.

Römische Ziffern. Römische Ziffern sind eigentlich Buchstaben. Sie werden nur zu bestimmten Gelegenheiten gebraucht.
I = 1
V = 5
X = 10
L = 50
C = 100
M = 1000

Mit diesen Buchstaben werden alle Zahlen ausgedrückt. Steht eine kleinere vor einer größeren Zahl, ist die kleinere von der größeren abzuziehen, steht die kleinere nach der größeren, ist sie dazuzuzählen. IV ist also 4 und VI ist 6, und IIX ist 8.

Römische Ziffern stehen nach den Namen von Königen und Königinnen, wenn es mehrere Träger dieses Namens gibt (ohne Punkt nach der Ziffer!).
Queen Elizabeth II

Gesprochen: *Queen Elizabeth the Second.*

In Büchern werden Kapitel oder ähnliche Abschnitte mit römischen Ziffern bezeichnet, auch Akte in Dramen.
Chapter IV: Summary and Conclusion.
Act I
Römische Ziffern werden auch gebraucht, um Jahreszahlen anzugeben, etwa am Ende von Filmen oder Fernsehproduktionen.
„1995" erscheint dann als MCMXCV.

Ordinalzahlen. Ordinalzahlen benutzt man zur Angabe der Reihenfolge.
Quietly they took their seats in the first three rows. ... in den ersten drei Reihen.
Flora's flat is on the fourth floor of this five-storey block. ... im vierten Stock dieses fünfstöckigen Blocks.

Die Liste auf S. 159 zeigt die Ordinalzahlen.

In den linken Spalten sind die abgekürzt geschriebenen Formen gegeben.
He lost his job on January 7th.
... the 1st Division of the Sovereign's Escort.
Our address is: 5th Floor Waterloo House, Waterloo Street, Leeds.

Ordinalzahlen vor Substantiven. Ordinalzahlen können nach z.B. *the, a, my, her* vor Substantiven stehen.
He took the lift to the sixteenth floor.
... on her twenty-first birthday.

Nach *come* oder *finish* können sie stehen, wenn das Resultat eines Wettrennens oder Wettbewerbs ausgedrückt wird.
An Italian came second. Ein Italiener wurde Zweiter.

Die Ordinalzahlen stehen vor den Kardinalzahlen.
The first two years have been very successful.

1st	first	26th	twenty-sixth
2nd	second	27th	twenty-seventh
3rd	third	28th	twenty-eighth
4th	fourth	29th	twenty-ninth
5th	fifth	30th	thirtieth
6th	sixth	31st	thirty-first
7th	seventh	40th	fortieth
8th	eighth /eɪtθ/	41st	forty-first
9th	ninth	50th	fiftieth
10th	tenth	51st	fifty-first
11th	eleventh	60th	sixtieth
12th	twelfth	61st	sixty-first
13th	thirteenth	70th	seventieth
14th	fourteenth	71st	seventy-first
15th	fifteenth	80th	eightieth
16th	sixteenth	81st	eighty-first
17th	seventeenth	90th	ninetieth
18th	eighteenth	91st	ninety-first
19th	nineteenth	100th	hundredth
20th	twentieth /twentɪəθ/	101st	hundred and first
21st	twenty-first	200th	two hundredth
22nd	twenty-second	1000th	thousandth
23rd	twenty-third	1,000,000th	millionth
24th	twenty-fourth	1,000,000,000th	billionth
25th	twenty-fifth		

Ordinalzahlen als Pronomen. Wenn klar ist, worauf man sich bezieht, können Ordinalzahlen ohne ein folgendes Substantiv verwendet werden. Sie brauchen aber dann ein *the* oder *a* oder *my* usw.

A second pheasant flew up. Then <u>a third</u> and <u>a fourth.</u> Ein zweiter Fasan flog auf. Dann ein dritter und ein vierter.

There are two questions to be answered. <u>The first</u> is 'Who should do what?' <u>The second</u> is 'To whom should he be accountable?' ... Die erste ist: „Wer sollte was tun?" Die zweite ist: „Gegenüber wem sollte er verantwortlich sein?"

Man verwendet *of* um anzugeben, wenn man von einem Teil der gesamten Menge spricht.
This is the third of a series of programmes from the University of Sussex.
Tony was the second of four sons.

Brüche. In Brüchen verwendet man Kardinalzahlen und Ordinalzahlen wie folgt: *two fifths* sind zwei Fünftel, *four sevenths* sind vier Siebtel. Im Teiler – also „unter dem Strich" – stehen die Ordinalzahlen. Für den Teiler 2 steht aber *half*, für den Teiler 4 steht *quarter* (‚Viertel'). Danach *of* und dann die Bezeichnung für das, das geteilt wurde.
a half ist 1/2, *a quarter* ist 1/4, *three quarters* ist 3/4, *two thirds* ist 2/3.
Eine 1 im Zähler wird normalerweise *a* gesprochen. *One* verwendet man nur in förmlicher Sprache oder wenn man „1" besonders betonen will.
This state produces a third of the nation's oil. Dieses Bundesland hat einen Drittelanteil an der staatlichen Ölproduktion.
... *a fifth of your money*... ... ein Fünftel Ihres Geldes
... *one quarter of the total population.* ... ein Viertel der Gesamtbevölkerung.

Die Bruchzahl 1/2 ist *a half.* Ein halber Apfel aber ist *half an apple*, ein halbes Jahr *half a year* usw.

Stehen die Brüche in der Mehrzahl, werden sie oft mit Bindestrich geschrieben.
More than two-thirds of the globe's surface is water. Mehr als zwei Drittel der Erdoberfläche ist von Wasser bedeckt.
He was not due at the office for another three-quarters of an hour. ... in einer weiteren Dreiviertelstunde ...

Vor den Brüchen können Eigenschaftswörter stehen (vor dem Ganzen dann *the*).
... *the southern half of England.*
... *in the last quarter of 1980.*
... *the first two-thirds of this century.*
... *the remaining three-quarters of the population.* ... die übrigen drei Viertel der Bevölkerung.

Wenn man *a half* oder *a quarter* zusammen mit ganzen Zahlen benutzt, stehen sie vor einem Substantiv in der Mehrzahlform.
... *one and a half acres of land.*
... *four and a half centuries.*
... *five and a quarter days.* ... fünfeinviertel Tage.

Steht *a* statt *one*, muß man so formulieren:
... *a mile and a half* below the surface. ... eineinhalb Meilen unter der Oberfläche.
... *a mile and a quarter* of motorway. ... eineinviertel Meilen Autobahn.

Verb in der Einzahlform/Mehrzahlform. Das Verb hat die Einzahlform, wenn man von einem Teil oder Teilen eines einzigen Gegenstandes oder Sachverhalts spricht.
Half of our work is to design programmes. Die Hälfte unserer Arbeit besteht darin, Programme zu entwerfen.
Two fifths of the forest was removed. Zwei Fünftel des Waldes wurden beseitigt.

Steht das entsprechende Substantiv in der Mehrzahlform, hat auch das Verb die Mehrzahlform.
Two fifths of the dwellings have more than six people per room. In zwei Fünfteln der Wohnungen leben mehr als sechs Personen in einem Raum.
A quarter of the students were seen individually. Mit einem Viertel der Studenten wurde persönlich gesprochen.

Brüche als Pronomen. Wenn klar ist, wovon man redet, können Brüche wie Pronomen verwendet werden.
Most were women and about half were young with small children.
One fifth are appointed by the Regional Health Authority.

Dezimalzahlen. Dezimalzahlen können Bruchzahlen ausdrücken. Die Zehntel, Hundertstel usw. werden von der vorausgehenden Zahl durch einen Punkt (und nicht durch ein Komma) getrennt. Das deutsche „1,3" ist also *1.3* im Englischen. Gesprochen wird das *one point three.* Das deutsche „1,235" ist 1.235 gesprochen *one point two three five.*
... *an increase of 16.4 per cent.*
The library contains over 1.3 million books.

Hinweis. Bei Angaben für Kapitelabschnitte in Büchern, Tabellen und Illustrationen werden Ziffern verwendet, die wie Dezimalzahlen aussehen, aber keine sind.

Domestic refuse, for example, can be dried and burnt to provide heat (see section 3.3). Hausmüll zum Beispiel kann getrocknet und zur Gewinnung von Wärme verbrannt werden (s. Abschnitt 3.3).

Prozentangaben. Eine Angabe wie *3%* ist eine Prozentangabe (*a percentage*). Gesprochen wird sie *three per cent.*
He won 28.3 per cent of the vote. ... 28,3 % aller Stimmen.
... *interest at 10% per annum.* ... eine Zinsrate von 10% p.a.

Ungefähre Zahlenangaben. Eine größere Anzahl kann man ungefähr benennen, indem man Wörter wie *several* ‚einige‘ oder *a few* ‚(einige) wenige‘ oder *a couple of* ‚zwei‘ vor die Wörter *dozen;, hundred; thousand; million; billion* setzt.
... *several hundred* people.
A few thousand cars have gone.
... *life a couple of hundred years ago.* ... das Leben vor ungefähr zweihundert Jahren.

Wenn man nur ganz allgemein eine hohe Zahl nennt (gleichzeitig aber die Höhe der Zahl hervorheben möchte), redet man von *dozens; hundreds; thousands; millions; billions* (gefolgt von *of*).
That's going to take hundreds of years. Das wird Hunderte von Jahren brauchen.
We travelled thousands of miles across Europe.

Mehrzahlformen werden auch gerne gebraucht, wenn man übertreiben will.
I was meeting thousands of people.
Do you have to fill in hundreds of forms before you go? ... Tausende von Formularen ...

Auch die folgenden Ausdrücke werden für ungefähre Angaben verwendet. Sie bedeuten alle ‚ungefähr‘, ‚ca.‘, ‚um die‘.

about	*odd*	*roughly*
approximately	*or so*	*some*
around	*or thereabouts*	*something like*

about; approximately; around; roughly; some; something like stehen vor der Zahl.
About 85 students were there.
It costs roughly £55 a year to keep a cat in food.
Harrington has cheated us out of something like thirty thousand quid over the past two years.
I found out where this man lived, and drove some four miles inland to see him.

Dieser Gebrauch von *some* ist recht formell.

Odd; or so; or thereabouts werden so gebraucht:
... *a hundred odd acres.* ...so ungefähr 100 ...

162

The car should be here in <u>ten minutes or so.</u>
Get the temperature to 30°C <u>or thereabouts.</u>

Angaben zur Mindestmenge. Mit den folgenden Ausdrücken sagt man, daß die genannte Zahl eine Mindestzahl ist (und daß die tatsächliche Zahl höher sein kann). Die deutschen Entsprechungen stehen unten bei den Beispielen.

a minimum of	*minimum*	*over*
at least	*more than*	*plus*
from	*or more*	

A minimum of; from; more than; over stehen vor der Zahl.
He needed <u>a minimum of 26</u> Democratic votes. Er benötigte ein Minimum von/mindestens 26 Stimmen von den Demokraten.
... 3 course dinner <u>from £15.</u> ... ein Drei-Gänge-Menu von 15 Pfund aufwärts.
... a school with <u>more than 1300</u> pupils. ... mit mehr als 1300 Schülern.
The British have been on the island for <u>over a thousand</u> years. ... seit über tausend Jahren.

Or more; plus; minimum stehen nach der Zahl oder nach dem jeweiligen Substantiv.
... a choice of <u>three or more</u> possibilities. ... drei oder mehr ...
This is the worst disaster I can remember in my <u>25 years plus</u> as a police officer. ... während meiner mehr als 25 Jahre als Polizist.
They should be getting <u>£38 a week minimum.</u> ... ein Minimum von/mindestens ...

In Stellenanzeigen wird *plus* auch als + geschrieben.
2+ years' experience of market research required. ... mindestens zweijährige Erfahrung ...

At least steht in der Regel vor der Zahl.
She had <u>at least a dozen</u> brandies. ... mindestens ein Dutzend Brandies.
It was a drop of <u>at least two hundred</u> feet. ... ein Abgrund von mindestens zweihundert Fuß.

Nach dem Substantiv ist *at least* betont.
I must have slept <u>twelve hours at least.</u> Ich muß zwölf Stunden geschlafen haben, (und das) mindestens.

Höchstzahlen. Für Höchstzahlen (wobei die tatsächliche Zahl durchaus niedriger sein kann) werden folgende Ausdrücke verwendet.

163

Die Bedeutungen werden unten in den Beispielen gegeben.

almost	*fewer than*	*or less*
a maximum of	*less than*	*or under*
at most	*maximum*	*under*
at the maximum	*nearly*	*up to*
at the most	*no more than*	

Vor der Zahl stehen *almost; a maximum of; fewer than; less than; nearly; no more than; under; up to.*

The company now supplies almost 100 of Paris's restaurants. ... fast 100 Pariser Restaurants.

... a puppy less than seven weeks old. ... ein junger Hund, weniger als sieben Wochen alt.

We managed to finish the entire job in under three months. ... in weniger als drei Monaten.

Nach der Zahl oder nach dem jeweiligen Substantiv stehen *at the maximum; at most; at the most; maximum; or less; or under.*

They might have IQs of 10, or 50 at the maximum. ... einen Intelligenzquotienten von 10 oder maximal 50.

The area would yield only 200 pounds of rice or less. Diese Fläche hätte einen Ertrag von nur 200 Pfund Reis oder weniger.

„**Von – bis**". Angaben, die sich auf Zahlen zwischen zwei oder mehr genannten Zahlen beziehen, werden mit *between – and; from – to* oder einfach *to* gemacht.

Most of the farms are between four and five hundred years old. ... zwischen vierhundert und fünfhundert Jahren alt.

My hospital groups contain from ten to twenty patients. ... zehn bis zwanzig Patienten.

... peasants owning two to five acres of land. Bauern, die zwei bis fünf/zwischen zwei und fünf *acres* besitzen.

Vor *between* und *from* kann *anything* stehen, um anzudeuten, daß die angegebene Spanne tatsächlich so groß ist.

An average rate of anything between 25 and 60 per cent is usual. Als Durchschnittsrate ist alles zwischen 25 und 60 Prozent üblich.

It is a job that takes anything from two to five weeks. Das ist eine Arbeit, die zwei oder fünf Wochen oder alles dazwischen braucht.

Wenn eine Spanne in Zahlen gegeben wird, steht ein Bindestrich. Er wird als *to* gesprochen.

Allow to cool for 10-15 minutes. 10 bis 15 Minuten kaltstellen.
In 1965-9, people drank a little more, namely 6.0 litres of alcohol. In den Jahren 1965
bis 1969 ....
... the Tate Gallery (open 10 a.m.-6 p.m., Sundays, 2-6).

Zwei Zahlen, die aufeinander folgen, werden mit / verbunden. Dieser Schrägstrich wird
als *slash* oder als *stroke* oder als *to* gesprochen.
*The top ten per cent of income earners gained 25.8 per cent of all earned income in
1975/6.*
Write for details to 41/42 Berners Street, London.

ZUSTIMMUNG und WIDERSPRUCH:
agreeing and disagreeing

In diesem Abschnitt wird zunächst erklärt, wie man andere fragt, ob sie der gleichen
Meinung sind wie man selbst (oder nicht), und dann wird erklärt, wie man Zustimmung
oder Nicht-Zustimmung ausdrückt.

Zustimmung erfragen. Wenn man wissen will, ob andere die eigene Meinung von etwas oder von jemandem teilen, verwendet man eine Frage mit dem *question tag*. Dadurch signalisiert man die Erwartung, daß die anderen der gleichen Meinung sind.
That's an extremely interesting point, isn't it? Ein höchst interessanter Punkt, oder
nicht?
It was really good, wasn't it, Andy? Das war wirklich gut. Ja, Andy?

Diese *question tags* haben verschiedene Entsprechungen im Deutschen. Man kann mit
oder, oder nicht, nicht, nicht wahr, gelt usw. fragen oder man verwendet Wörter wie
doch oder *eigentlich* auch *wirklich, ja,* usw. („Das war doch wirklich gut, Andy,
oder?").

Die *question tags* werden nicht immer als Fragen aufgefaßt, auf die eine Antwort nötig
ist. Manchmal reden die Leute gleich weiter, weil sie gar keine eigene Antwort erwarten.

Mit den *question tags* kann man auch fragen, ob jemand der Meinung ist, daß es eben so
ist, wie man sagt.

Property in France is quite expensive, isn't it? Grundbesitz in Frankreich ist ziemlich teuer, oder nicht?
That's right, isn't it? Das ist richtig, ja?
You don't have a television, do you? Du hast keinen Fernseher, oder?

Daß man die Zustimmung des andern hören möchte, kann man auch mit einer verneinten Ja/Nein-Frage signalisieren, oder dadurch, daß man eine Aussage als Frage konstruiert.
Wasn't it marvellous? War das nicht wunderbar?
So there's no way you could go back to work? Und du kannst wirklich nicht wieder zurück und arbeiten?
He's got a scholarship? Ein Stipendium hat er bekommen?

Wenn man sagt, daß man etwas mag oder nicht mag (oder gut bzw. schlecht findet), kann man *don't you* anhängen. Das *you* wird dann etwas höher gesprochen und betont.
I adore it, don't you? Ich finde es wunderbar, du/Sie auch?
I think this is one of the best things, don't you?

In formelleren Situationen hört man auch Fragen wie *Don't you agree ...?* oder *Would you agree ...?*
Don't you agree with me that it is rather an impossible thing to do after all this time? Sind Sie nicht auch der Meinung, daß man dies nach all der Zeit nicht tun kann?
Would you agree with that analysis? Würden Sie mit dieser Analyse übereinstimmen?

Zustimmung ausdrücken. Am einfachsten und kürzesten geht das mit *yes*. Wenn man höflicher sein will, sagt man noch etwas Passendes dazu.
'*It depends where you live.'* – *'Yes.'*
'*It's quite a nice school, isn't it?'* – *'Yes, it's well decorated and there's a nice atmosphere there.'*
'*You also give out information about courses for English teachers, don't you?'* – *'Yes; and I also talk to teachers about courses.'*

Man kann auch den entsprechenden *tag* an das *yes* anhängen, wie *I do* oder *it is*. Auf diesen *tag* kann dann noch einmal ein *tag* folgen.
'*That's fantastic!'* – *'Yes, it is, isn't it?'* „Das ist fantastisch!" – „Ja, wirklich."
'*I was really rude to you at that party.'* – *'Yes, you were. But I deserved it.'*

Man kann auch einfach den *tag* nach dem *yes* setzen oder nur einen *tag*. Eine Antwort erwartet man aber dabei nicht.

'He's a completely changed man.' – *'Yes, isn't he?'* „Er ist ein völlig anderer Mann geworden." – „Finde ich auch."
'What a lovely evening!' – *'Isn't it?'* „Was für ein schöner Abend!" – „Ja, wirklich."

Manchmal wird Zustimmung auch mit dem Laut *Mm* ausgedrückt.
'Strange, isn't it?' – *'Mm.'*

Hinweis. Die Zustimmung zu einer verneinten Aussage wird mit *No* (und nicht mit *Yes*) gegeben.
'She's not an easy person to live with.' – *'No.'* „Es ist nicht leicht, mit ihr auszukommen" – „Da hast du recht."
'I don't think it's as good now.' – *'No, it isn't really.'* „Meiner Meinung nach ist es jetzt nicht mehr so gut." – „Nein, wirklich nicht."
'That's not very healthy, is it?' – *'No.'* „Das ist nicht sehr gesund, oder?" – „Nein, ist es nicht".

Wenn man mit anderen übereinstimmt, kann man dies auch mit *That's right* oder *That's true* oder *True* tun. *That's true* bzw. *true* sagt man, wenn man glaubt, daß ein gutes Argument vorgebracht wurde.
'Most teenagers are perfectly all right.' – *'That's right, yes.'* „Die meisten Jugendlichen sind völlig in Ordnung" – „So ist es."
'You don't have to be poor to be lonely.' – *'That's true.'* „Nicht nur die Armen sind einsam." – „Genau."

Wenn man in einer Diskussion etwas akzeptiert, kann man *Sure* sagen.
'You can earn some money as well.' – *'Sure, sure, you can make quite a bit.'* „Man kann da auch Geld verdienen." – „Ja, eine ganz nette Summe."

Der Ausdruck *I agree* ist ziemlich formell.
'It's a catastrophe.' – *'I agree.'* „Das ist eine Katastrophe." – „Ganz meine Ansicht."

Äußert sich jemand darüber, was er mag oder welche Ansicht er hat, kann man mit *So do I* oder *I do too* zustimmen.
'I find that amazing.' – *'So do I.'* „Ich finde das erstaunlich." – „Ich auch."
'I like baked beans.' – *'Yes, I do too.'* ... „Ich auch."

Einer Ansicht, die eine Verneinung enthält, stimmt man mit *Nor do I* oder *Neither do I* (mit betontem *I*) oder *I don't either* (mit betontem *either*) zu.
'I don't like him.' – *'Nor do I.'* „Ich mag ihn nicht." – „Ich auch nicht."

'Oh, I don't mind where I go as long as it's a break.' – *'No, I don't either.'* „Für mich spielt es keine Rolle, wohin ich gehe, so lange es eine Abwechslung ist." – „Für mich auch nicht."

Nachdrückliche Zustimmung. Einige Ausdrücke für nachdrückliche Zustimmung sind unten aufgeführt. Bis auf *absolutely* und *exactly* sind die meisten ziemlich formell.

'I thought June Barry's performance was the performance of the evening.' – *'Absolutely. I thought she was wonderful.'*

'It's good practice and it's good fun.' – *'Exactly.'*

'I feel I ought to give her a hand.' – *'Oh, quite, quite.'*

'I must do something, though.' – *'Yes, I quite agree.'*

'There's far too much attention being paid to these hoodlums.' – *'Yes, I couldn't agree more.'* „Diese Chaoten erhalten viel zu viel Aufmerksamkeit." – „Völlig meine Meinung."

'The public showed that by the way it voted in the General Election.' – *'That's quite true.'*

'We reckon that this is what he would have wanted us to do.' – *'I think you're absolutely right.'*

Wenn man jemandem nachdrücklich zustimmt, wie er etwas beschreibt, dann kann man das Adjektiv wiederholen, mit *very* davor (und meist mit *indeed* danach, das *indeed* ist betont).

'It was very tragic, wasn't it.' – *'Very tragic indeed.'*

Teilweise Zustimmung. Manchmal stimmt man jemandem nur zum Teil oder zögernd zu. Hierfür kann man *I suppose so* verwenden.

'I must have a job.' – *'Yes, I suppose so.'* „Ich brauche unbedingt einen Job." – „Ja, wahrscheinlich."

'That's the way to save lives, and save ourselves a lot of trouble.' – *'I suppose so.'* „Auf diese Weise kann man Leben retten und wir sparen uns eine Menge Ärger." – „Jaja."

Auf eine verneinte Äußerung reagiert man entsprechend mit *I suppose not*.

'Some of these places haven't changed a bit.' – *'I suppose not.'*

168

Unwissenheit oder Unsicherheit. Wenn man nicht genug weiß, um einer Aussage zuzustimmen, sagt man einfach *I don't know* (‚Ich weiß nicht; Ich weiß es nicht').
'He was the first four-minute miler, wasn't he?' – 'Perhaps. I don't know.' „Er war der erste, der die Meile in vier Minuten gelaufen ist, oder?" – „Vielleicht. Ich weiß (es) nicht."

Wenn man sich der Sache nicht sicher ist, sagt man *I'm not sure* (‚Ich bin mir da nicht (so) sicher').
'He was world champion one year, wasn't he?' – 'I'm not sure.'
'Oh, that'd be nice, wouldn't it?' – 'I'm not sure.'

Widerspruch. Stimmt man mit den anderen nicht überein, dann macht man das meist in einer höflichen Form und verwendet Ausdrücke, die die gegenteilige Meinung etwas verpacken. Am häufigsten sind hierfür *I don't think so* und *Not really*.
'You'll change your mind one day.' – 'Well, I don't think so. But I won't argue with you.' „Du wirst es dir schon noch eines Tages überlegen." – „Naja, das glaube ich nicht. Aber ich will nicht streiten."
'It was a lot of money in those days.' – 'Well, not really.' „Das war viel Geld in jener Zeit." – „Naja, nicht unbedingt."

Auch die folgenden Ausdrücke werden verwendet.
'Don't you know Latin?' – 'Actually, no, I don't know it very well.' ... „Eigentlich nicht, ich kann es nicht sehr gut."
'It might be – well, someone she'd met by accident.' – 'Oh, do you really think so, Julia?' „Es könnte ja – nun ja, jemand sein, den sie zufällig getroffen hat." – „Glaubst du das wirklich?"
'It's a dog's life being a singer. And you have to mix with scum.' – 'I don't know about that.' „Als Sänger führst du ein Hundeleben. Und die Leute, mit denen du dich abgeben mußt!" – „Davon habe ich keine Ahnung."
'It's all over now, anyway.' – 'No, I'm afraid I can't agree with you there.' „Jedenfalls, jetzt ist alles vorüber." – „Da bin ich leider ganz anderer Meinung."

Im Gespräch stimmen die Leute manchmal mit *Yes* oder mit *I see what you mean* zunächst teilweise zu, bringen aber dann mit *but* eine andere Meinung.
'You've just said yourself that you got fed up with it after a time.' – 'Yes, but only after three weeks.' „Du hast doch gerade gesagt, daß es dir nach einiger Zeit nicht mehr gefallen hat." – „Ja schon, aber erst nach drei Wochen."

'It's a very clever film.' – 'Yes, perhaps, but I didn't like it.' „Ein sehr raffinierter Film." – „Ja, vielleicht schon, aber mir hat er nicht gefallen."
'They ruined the whole thing.' – 'I see what you mean, but they didn't know.' „Sie haben die ganze Sache ruiniert." – „Schon richtig, aber sie haben es eben nicht gewußt."

Nachdrücklich widersprechen. In den folgenden Beispielen wird gezeigt, wie man nachdrücklich sagt, daß man nicht zustimmt. Allerdings sollte man mit diesen Wendungen etwas vorsichtig sein, da sich die anderen angegriffen fühlen könnten.
'That's very funny.' – 'No it isn't.' „Sehr lustig." – „Ist es nicht."
'It might be a couple of years.' – 'No! Surely not as long as that!' „Es könnte zwei Jahre dauern." – „Aber doch nicht so lange!"
'He killed himself.' – 'That's not right. I'm sure that's not right. Tell me what happened.' „Er hat sich umgebracht." – „Das stimmt nicht. Das stimmt bestimmt nicht. Erzähl mir, was passiert ist."
'You were the one who wanted to buy it.' – 'I'm sorry, dear, but you're wrong.' „Du wolltest es doch kaufen!" – „Tut mir leid, aber da hast du nicht recht."

Die folgenden Ausdrücke sind formeller.
'University education does divide families in a way.' – 'I can't go along with that.' „Eine Hochschulausbildung bringt gewisse Probleme für die Familien." – „Das kann ich nicht so sehen."
'When it comes to the state of this country, he should keep his mouth shut.' – 'I wholly and totally disagree.' – ... „Das sehe ich völlig anders."

In formellen Situationen wird als Einleitung *With respect* verwendet, um den Widerspruch etwas höflicher klingen zu lassen.
'We ought to be asking the teachers some tough questions.' – 'With respect, Mr Graveson, you should be asking pupils some questions as well, shouldn't you?' „Wir sollten den Lehrern einige knallharte Fragen stellen." – „Entschuldigen Sie, Mr. Graveson, aber Sie sollten ..."

Im Ärger oder im Zorn wird der Widerspruch auch kräftig und unhöflich formuliert.
'He's absolutely right.' – 'Oh, come off it! He doesn't know what he's talking about.' „Er hat völlig recht!" – „Ach was! Er hat keine Ahnung wovon er redet!"
'They'll be killed.' – 'Nonsense.' „Sie werden ums Leben kommen." – „Unsinn".
'He wants it, and I suppose he has a right to it.' – 'Rubbish.' „Er will es, und ich meine, zu Recht." – „Blödsinn."
'You're ashamed of me.' – 'Don't talk rubbish.' „Du schämst dich mit mir." – „Red keinen Quatsch."

170

'He said you plotted to get him removed.' – 'That's ridiculous!' „Er sagt, du hast gegen ihn intrigiert, damit er versetzt wird." – „Das ist doch lächerlich."

'He's very good at his job, isn't he?' – 'You must be joking! He's absolutely useless!' „Er macht seine Arbeit sehr gut, oder?" – „Du machst wohl Witze! Er ist doch zu nichts zu gebrauchen!"

Bevor man Ausdrücke wie diese gebraucht, sollte man die Leute, mit denen man spricht, schon gut kennen.

GRAMMATISCHE ERLÄUTERUNGEN

Bei der Beschreibung von Sprache sind Fachwörter erforderlich. Die meisten dieser Fachwörter werden im laufenden Text erklärt oder so angewendet, daß ihre Bedeutung verständlich ist. Einige sind hier erläutert.

Adjektiv. Adjektive (oder Eigenschaftswörter) sind Wörter, die nähere Information über das geben, was meist mit einem Substantiv bezeichnet wird, wie etwa *good* in *a good book* oder *nice* in *This book is nice.* Viele Adjektive können gesteigert werden (*poor, poorer, poorest*).

Adverb. Adverb ist eine Bezeichnung für eine Wortart. *loudly, quickly, interestingly, now, here, yesterday* sind Adverbien.

Adverbielle Bestimmung. Diejenigen Teile eines Satzes, die ausdrücken, wann oder wo, wie, warum, wozu usw. etwas geschieht, werden als adverbielle Bestimmung bezeichnet. Das kann ein einzelnes Wort sein, wie in *She laughed nervously,* aber auch ein längerer Ausdruck wie in *No birds or animals came near the body* oder auch ein Nebensatz.

Befehlsform. Siehe Imperativ.

Einzahl(form). Viele Substantive des Englischen haben eine Einzahlform – wie *a book, the girl* – und eine Mehrzahlform –wie *books, two books, the girls.* Dieser Unterschied ist auch beim Verb zu beachten, vgl. *He smokes – They smoke.*

Hilfsverb. Als Hilfsverb bezeichnet man Verben wie *do, be, have,* wenn sie bei der Bildung von Verbformen beteiligt sind, wie in *I was waiting, She hasn't come yet* oder *I don't know.* Siehe auch Modalverb.

Imperativ. Als Imperativ (oder Befehlsform) bezeichnet man die Verbformen wie in *Come here!* oder *Take two tablets every four hours.* Der Imperativ wird unter anderem dazu verwendet, Befehle, Bitten, Ratschläge, Vorschläge, Warnungen auszudrücken.

-ing-Form. Diese Bezeichnung wird in zweierlei Sinn verwendet. Einmal bezeichnet sie eine Verbform, die mit *be* und einem Verb mit *-ing* gebildet wird, wie in *I was walking.* Zum andern bezeichnet sie ein Verb plus *-ing* wie in *What about having dinner together?*

Mehrzahl(form). Siehe Einzahl(form).

Modalverb. Modalverben sind Wörter wie *can, may, must, will, shall, ought to*. Die meisten dieser Verben drücken aus, daß eine Art Verpflichtung besteht oder sie geben einen bestimmten Grad an Wahrscheinlichkeit an. Beispiele: *You should go now. He may be right.*

Ordinalzahl. Diese Zahlwörter geben eine Reihung oder Folge an, wie etwa *first, tenth, hundredth.*

past tense. Verbformen wie in *I walked, I swam, He shouted* werden als *past tense* des entsprechenden Verbs bezeichnet.

present tense. *present tense* liegt vor bei Verbformen wie *He smokes, I don't know* oder, mit der *-ing*-Form, in *The sun is shining.*

present perfect. Verbformen wie *She has left, I have come, We've had* a lot of rain stehen im *present perfect.*

Pronomen. Wörter wie *it, you, he* sind Pronomina. Sie werden an Stelle eines Substantivs verwendet, wenn deutlich ist, worauf sich das Pronomen bezieht.

question tag. Das ist eine Konstruktion aus einem Hilfsverb und einem Pronomen. In den folgenden Beispielen ist dieser *question tag* unterstrichen: *She's quiet, isn't she? He has left, hasn't he? Peter wasn't here, was he?*

Relativsätze. Relativsätze sind besondere Konstruktionen, die näher über das informieren, was durch ein Substantiv bezeichnet wird. Viele der Relativsätze werden durch Wörter mit *wh-* angeschlossen, ein besonderer Typ mit *that*. Beispiele: *My sister, who lives in New York, has come to visit me. I've bought the book that you told me about.*

Substantiv. Substantiv ist der Ausdruck für das, was man in der Umgangssprache „Hauptwort" nennt. Zu den Substantiven gehören z.B. Wörter wie *Harry, woman, house, time, information.*

tag. Siehe *question tag.*

Verlaufsform. Siehe *-ing*-Form.

wh-questions. Das sind Fragen, auf die eine andere Reaktion als *yes* oder *no* erwartet wird. Die Antwort besteht darin, daß man dem Fragenden eine Person, einen Ort, eine Zeit, eine Begründung usw. nennt. Diese Fragen beginnen mit einem der Fragewörter mit *wh-*, also *who, what, when, where, why* usw., oder mit *how*.

yes/no question. Eine solche Frage kann im Prinzip mit *yes* oder mit *no* beantwortet werden, also z. B. eine Frage wie *Are you married?* Vergleiche oben *wh-questions*.

LAUTSCHRIFT

Vokale		Konsonanten	
ɑː	heart, start, calm	b	bed, rub
æ	act, mass, lap	d	done, red
aɪ	dive, cry, mind	f	fit, if
aɪə	fire, tyre, buyer	g	good, dog
aʊ	out, down, loud	h	hat
aʊə	flour, tower, sour	j	yellow
e	met, lend, pen	k	king, pick
eɪ	say, main, weight	l	lip, bill
eə	fair, care, wear	m	mat, ram
ɪ	fit, win, list	n	not, tin
iː	feed, me, beat	p	pay, lip
ɪə	near, beard, clear	r	run
ɒ	lot, lost, spot	s	soon, bus
əʊ	note, phone, coat	t	talk, bet
ɔː	more, cord, claw	v	van, love
ɔɪ	boy, coin, joint	w	win
ʊ	could, stood, hood	x	loch
uː	you, use, choose	z	zoo, buzz
ʊə	lure, pure, cure	ʃ	ship, wish
ɜː	turn, third, word	ʒ	measure
ʌ	but, fund, must	ŋ	sing
ə	der erste Vokal in 'about'	tʃ	cheap, witch
i	der zweite Vokal in 'very'	θ	thin, myth
		ð	then, loathe
		dʒ	joy, bridge

Die Betonung wird durch Unterstreichen des Vokals der betonten Silbe angezeigt, z.B. 'accept' /əks<u>e</u>pt/.